2026
한국에
투자하라

코스피 1만,
새로운 부의 법칙

2026 한국에 투자하라

나탈리 허 지음

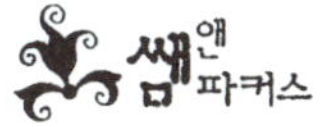

쌤앤파커스

변화의 실마리가
보인다

세계는 한국을 사는데,
한국인은 한국을 판다

코스피의 상승세가 거침없다. 2025년 한 해 75% 가까이 오르면서, 지수 4,000은 코스피의 '뉴노멀'로 자리 잡았다. 주요 평가기관들의 예측도 코스피가 5,000까지는 무난히 오를 것을 가리키고 있다. '아직 더 간다'라는 게 외국계 투자사의 중론이다.

> "최고 수준인 주요국 증시 밸류에이션과 달리 한국의 밸류에이션은 아직 최고치에 도달하지 않았다."
>
> **JP모건, 2025.11.**

코스피 상승의 배경에는 외국인이 있다. 2025년 6월 한국의 조기 대선 이후, 외국인은 코스피에서 20조 원 넘게 쓸어담았다. 말 그대로 미친 듯한 매수다. 저자가 살고 있는 미국에서는 사람들이 수시로 묻는다. "삼성전자나 SK하이닉스 주식을 사려면 어떻게 해야 해?"

한국의 높아진 위상이 드러나는 모습은 다양하다. 투자라는 방식 외에도 한국의 브랜드 가치는 이전과 비교할 수 없이 올랐다. 2024년 이후 핼러윈데이에는 아이들이 너도나도 애니메이션 〈케이팝 데몬 헌터스〉 주인공 복장을 하고 거리를 누빈다. 한국의 음식이나 드라마, 화장품 등을 선호하는 경향은 이미 일반적이고, 한국인보다 더 빠르고 예민하게 트렌드를 캐치하는 사람들이 전 세계에 있다.

의심의 여지 없이 한국은 지금 가장 주목받는 나라 중 하나다. 한국은 경제력, 트렌드 적합성, AI 경쟁력 등 수많은 주요 지표에서 세계 10위 안에 안착했다.

그런데 이상하다. 한국 상품을 못 사서 난리인 외국인들과 달리, 정작 한국 사람들의 자기 평가는 묘하다. 코스피만 두고 보아도, 상승세를 인정하면서도 여전히 마음속에는 의심이 가득하다.

정말 이상한 자기 비하다. 한국이 AI 시대에 뛰어난 경쟁력을 가졌다는 사실은 이미 해외에서는 상식인데 말이다. 이는 여러 지표로도 명확히 확인할 수 있다.

스탠퍼드 글로벌 AI 파워 랭킹 '아시아 1위, 세계 7위'.
영국 토터스미디어 글로벌 AI 인덱스 '세계 6위'.
OECD 디지털 전망 보고서 'AI 도입률 세계 1위'.

한국의 브랜드 가치와 코스피의 잠재력을 무시하는 것은 한국인뿐이다. 한국 주식을 안 하는 게 당연한 듯 말하면서도, 미국 주식 애기만 나오면 모두가 전문가가 된다.

"아직도 국장을 하세요?"라는 말에는 '미장에 투자하면 똑똑한 사람이고, 국장에는 바보들이나 투자한다'라는 속내가 자연스럽게 깔려 있다.

이런 경향은 숫자로도 확인된다. 2025년 기준, 한국 투자자의 해외 주식 투자 잔액은 700조 원을 넘어섰다. 2019년 말

500조 원 수준이던 금액이 불과 5년 만에 거의 2배로 늘었다. 그중 약 90%가 미국 주식이다.

　코스피가 기록적인 상승을 보였던 2025년에도 상황은 다르지 않았다. 그해 한국 투자자들이 사들인 미국 주식만 50조 원이다. 같은 기간 코스닥 매수 금액보다도 많다. 한국 투자자들이 자국 주식보다 미국 주식을 더 많이 사고 있는 것은 너무도 당연한 일이 되어버렸다.

누가 이런 생각을 하게 만들었을까?
왜 한국인은 유독 자기 나라 주식시장을 믿지 못할까?

'니케이'와 '코스피'의 간극

2025년 코스피가 오르는 사이, 일본 니케이는 더 가파르게 달렸다. 니케이 지수는 2024년 30년 만에 4만을 넘기고, 기세를 몰아 2025년 5만을 돌파했다.

　2025년 한국과 일본의 1인당 국민소득은 각각 3만 8,000달러와 3만 6,000달러다. 한국의 GDP는 이미 일본을 넘어섰다. 그런데 코스피는 이제 겨우 4,000선에 올랐다. 니케이에 비교하면 단순 계산으로도 10배 가까이 차이가 난다.

일본에는 한국이 자랑하는 AI 선도 기업이 없다. 삼성전자 아니면 SK하이닉스가 있나? 네이버 아니면 카카오가 있나? 그런데도 일본 증시는 5만을 기록한다. 왜일까?

답은 분명하다. 일본 국민이 일본 주식을 사기 시작했기 때문이다.

니케이 상승 요인에는 일본 정부의 밸류업 정책과 외국인 매수도 물론 있었다. 하지만 결정적 계기는 따로 있다. 저축만 하는 것으로 유명한 일본 국민이 자국 시장에 투자하기 시작했다. '니케이 5만'은 그런 변화의 결과다.

미국 나스닥 2만.
일본 니케이 5만.
독일 DAX 2만.

이 시장들에는 공통점이 있다. 이들은 외국인의 영향에 크게 흔들리지 않고, 그 나라 사람들의 연금과 장기 자금이 시장의 바닥을 단단히 받치고 있는 선진 주식시장이다. 이는 곧 자국민이 사지 않는 주식시장은 외국인의 손에 좌우된다는 사실을 이야기한다.

미국의 경우 주식시장은 개인 투자 비중이 높다. 연금과 개인 투자가 시장을 떠받친다. 그래서 주가가 잠시 하락해도 금방 회복한다. 일본도 마찬가지다. 2024년 상반기 세제 개편 이후 일본 국민의 주식 매수는 전년 대비 3배로 늘었다. 그 결과, 30년 넘게 뚫리지 않던 4만의 천장이 깨졌다.

코스피는 달랐다. 외국인이 들어오면 오르고, 외국인이 나가면 무너졌다. IMF 구제금융 시절이나 2008년 글로벌 금융위기 때도 마찬가지였다. 뉴스에는 항상 '외인 매수' '외인 매도'가 따라붙었고, 외국인 수급에 따라 출렁이는 시장이라는 뜻에서 오래도록 '천수답 시장'이라 불렸다.

자국민이 떠나면 결국 외국인과 투기꾼들이 주식시장을 채운다. 자국민의 장기 자금이 빠져나간 자리를 단기 자금이 채우면, 시장은 투자처가 아니라 투기꾼들의 사냥터가 된다. '외국인 먹튀'라는 말이 유독 코스피에서 반복되는 이유다.

투기 세력이 시장을 뒤흔들 수 없게, 외국인이 치고 빠질 수 없게 하려면 그 나라 사람들의 자금이 단단히 받치고 있어야 한다. 호흡이 긴 자국민의 장기 투자가 필요한 것이다. 하방을 지탱하는 자금이 있을 때, 시장은 외부 충격이 있어도 쉽게 무너지지 않는다. 잠시 흔들린다 해도 금방 회복하는 저력을 갖추게 된다. 그런 신뢰가 쌓일수록 장기 자금이 다시 유입 되면서 시장의 바닥은 점점 더 단단해진다.

코스피 1만은 숫자가 아니라 증명이다

코스피 1만은 비현실적인 수치가 아니다. 현재 4,000대인 코 스피 지수가 연 20%씩 3년 오르면 7,000이 되고, 5년 오르면 1만이 된다. 일본이나 대만 수준의 밸류에이션만 적용해도 이 미 6,000이나 7,000에 가까워야 맞는다.

코스피 1만은 단순한 지수 이상의 의미를 가진다. 대한민 국이 '진짜 선진국 시장'이 되었음을 보여주는 증거다. 이는 한 국 주식시장이 더 이상 외국인 자금에 흔들리는 변방의 시장 이 아니라, 나스닥이나 니케이와 어깨를 나란히 하는 글로벌 선진 시장이 된다는 것을 뜻한다.

장기 자금이 바닥을 지탱하고, 개인 투자자는 장기 투자 자가 되고, 기업은 10년 이상의 전략을 짜고, AI 유니콘이 속 속 등장한다. 코스피는 더 이상 투기꾼들의 도박판이 아니라 대한민국 경제성장의 결과를 반영한 정직한 지표가 된다.

코스피 1만은 대한민국 국민의 노후를 주식시장이 받치고 있다는 신호이기도 하다. 국민의 연금이 코스피에 투자되고 그 자금이 연 20%씩 성장하면, 한국 국민은 '주식 때문에 불안해지는' 삶이 아니라 '주식 덕분에 마음이 편안한' 삶을 살게 된다. 미국이 그래왔고, 일본도 그 길로 가고 있다.

코스피 1만은 한국의 산업 구조가 변화한다는 것도 의미한다. 삼성전자와 SK하이닉스만으로는 코스피가 1만에 도달할 수 없다. AI 소프트웨어·플랫폼 기업들이 연달아 등장해 상장하고, 성장해야 한다. 한국 경제의 성장 엔진이 소수의 대기업에서 다양한 기술 기업과 혁신 기업으로 확장된다는 뜻이다. 그 과정에서 창업자와 엔지니어가 부자가 되고, 기술 기반으로 성공한 사례가 축적된다. 의대만 바라보며 공부하던 학생들이 엔지니어를 꿈꾸고, 대기업 입사를 준비하던 인재들이 창업을 선택하는 나라가 된다.

코스피 1만은 단순히 주가가 변하는 것이 아니라, 대한민국 국민의 선택이 바뀌는 사회를 뜻한다. 한국이 안고 있는 여러 문제가 해소되고, 국가 자존감이 회복되는 것을 상징한다.

무엇보다도, 코스피 1만은 한국인이 한국을 믿었다는 증명으로 남을 것이다.

국민이 사고,

국민이 지키고,

국민이 키운 시장이 된다!

'기술은 1등, 경제는 2등, 자본은 3등'이라는 평가를 받던 대한민국이 기술로도, 경제로도, 그리고 자본시장으로도 선진국이 되었음을 보여주는 증명. 그것이 코스피 1만이 갖는 진짜 의미다.

따라가던 나라에서
지키는 나라로

변호사 생활을 시작했을 때만 해도 한국 기업들은 대개 '피고석'에서 마주할 수 있었다. 소송의 주제는 대개 특허나 영업비밀 침해였다. 원고석에 앉은 해외 기업 담당자는 "당신들이 우리 기술을 베꼈다"라는 주장을 쏟아냈다. 우리의 역할은 언제나 '방어'였다.

그러나 그 구도가 완전히 바뀌었다. 이제 미국 법정에서 한국 기업은 원고석에 앉는다. 그리고 승리를 거둔다. 이 변화는 저작권 분야에서 더욱 두드러진다. 2년 전 나는 한국 게임 개발사 크래프톤의 대표작 '배틀그라운드'를 중국 기업 넷이즈가 무단 표절한 사건의 소송을 맡았다. 이미 오래전부터 한국은 게임 분야에서 글로벌 리더였고, 이제는 중국과 미국 기업의 '카피캣'을 걱정하는 위치에 서 있다.

대중문화도 마찬가지다. BTS와 블랙핑크 등으로 대표되는 K-팝은 세계 차트를 휩쓸었고, 이 열풍은 애니메이션, 영화, TV 드라마로 확장하고 있다. 소니가 제작한 애니메이션 〈케이팝 데몬 헌터스〉나, 한국 웹툰 원작의 넷플릭스 드라마들이 글로벌 시청자를 사로잡고 있다. 그 옛날 '따라가는 나라'였던 한국이 이제는 IP를 창출하고, 그 침해를 방어하고 있는 나라로 거듭난 것이다.

한국은 반도체에서 1등이고, 게임에서 1등이며, 콘텐츠에서도 1등이다. 챗GPT 유료 구독자 수만 봐도 미국에 이어 세계 2위에 오르는 활발한 AI 선진국이다. 이런 한국 시장의 잠재력을 파악한 외국인 투자자들은 코스피 상승에 베팅한 지 오래다.

코스피 1만의 조건에는 모든 것이 중요하다.

여기에 더해 마지막 퍼즐 조각은 분명하다.

'대한민국 국민의 대한민국 주식 매수', 즉 천만 '동학개미'의 힘이다. 그리고 나는 이 흐름을 가장 먼저, 가장 크게 외치는 '코스피 전도사'가 되고 싶다.

한국 주식시장은 1만의 자격이 있다. 1만이 되어야 하고, 1만이 될 것이다.

2026년 1월, 실리콘밸리에서

나탈리 허

1장
코스피 1만은 왜 가능한가

2장
한국 주식은 너무 싸다

3장
글로벌 머니의 종착점, 코스피

4장
실리콘밸리에서 답을 찾다

5장
코스피 1만, 어떻게 준비할 것인가

6장
AI는 버블이 아니다

코스피 1만은
왜 가능한가

코스피의 미래는 세 가지에 달렸다. 첫째, 이재명 정부가 계획대로 상법과 세제 개편에 성공, 배당을 늘리고 소액주주 보호라는 목표를 이룰 것인가? 둘째, 확장적 재정정책과 추경이 기업 실적 개선으로 이어질 것인가? 셋째, 달러 약세와 원화 강세 속에 외국인 투자자들이 귀환할 것인가? '코리안 개미'의 귀환은 환율·밸류에이션·정책 삼박자가 맞아떨어질 때 본격화될 것이다.

코스피 1만,
절대 비현실적인 숫자가 아니다

왜 코스피를 사지 않는가? 많은 사람이 옛날 이야기를 꺼낸다. 잠깐 올랐다가 빠졌던 작전주들, 실패로 끝났던 밸류업 정책, 오랫동안 횡보 상태인 주요 종목들에 대한 이야기다.

하지만 과거는 과거일 뿐이다. 시장이 오랫동안 오르지 않았다고 해서 앞으로도 오르지 않는 것은 아니다. 몇 년 전만 해도 엔비디아나 테슬라가 10배 오를 것을 확신한 사람은 없었다. 또, 대한민국이 AI 경쟁력 세계 최상위권이라는 평가를 받게 될 줄도 몰랐다. 강남스타일, BTS, 그리고 〈케이팝 데몬 헌터스〉 같은 K-콘텐츠가 가 세계를 휩쓸 거라 예견한 사람도 없었다. 이것들이 현실이 된 뒤에야 사람들은 늘 같은 말을 한다. "그때 살걸."

코스피는 1만에 오를 수 있을까? 가능하다. 일본 니케이는 30년 만에 4만을 돌파했고, 그로부터 겨우 1년 만에 5만에 도달했다. 코스피가 같은 길을 가지 말라는 법은 없다. 오히려 밸류에이션으로 보면 설명은 더 단순하다. 현재 코스피에 일본이나 대만 수준의 밸류에이션만 적용해도 이미 6,000이나 7,000에 도달했어야 한다. '1만'은 허풍이나 과장이 아니라, 충분히 가능한 수치다. 그리고 시장은 이미 신호를 보냈다. 2025년 한 해 동안 코스피는 80% 성장했다.

비관론의 함정

"코스피는 안된다."
"AI는 닷컴 버블과 다르지 않다."

이런 비관론에는 공통점이 있다. 단호한 주장에 비해 근거는 복잡하고 희미하다. 과거의 실패 사례를 끌어와 별다른

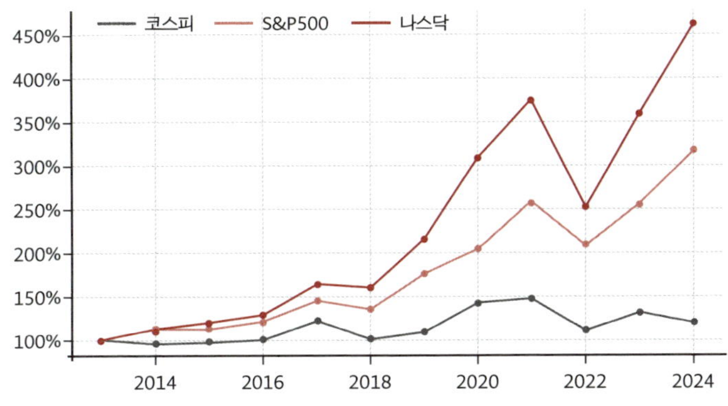

코스피와 S&P500, 나스닥 상승률 비교(2014~2024)

검증 없이 '이번에도 똑같을 것'이라고 말한다. 17세기 네덜란드를 떠들썩하게 만들었던 튤립 버블이 무너졌듯, 현대의 주식시장도 곧 붕괴될 것이고, 무슨 일이든 일정한 시간이 지나면 반드시 무너진다는 미신 같은 바람이 퍼진다. 낙관론보다 비관론이 잘 팔린다. 합리적인 투자 권유도 '돈 벌려고 떠드는 소리'라며 의심받는다. 반면, 아무 근거 없는 '폭락' 주장은 냉철한 통찰로 떠받들린다. 이상한 세태다.

호황기에는 비관론이 소리 없이 사라진다. 시장이 오를 때는 누구도 그들이 틀렸다고 따지지 않는다. 다들 행복하기 때문이다. 그러다 상승장이 한숨 돌릴 때쯤 비관론은 다시 모습을 드러낸다. 공포를 자극하고 불안을 키우며 '이제 끝이다'

라는 말로 사람들의 이목을 끈다. 이런 비관론의 대가는 도대체 누가 치르는가? 그 말을 믿고 투자하지 않은 사람들이다.

2016년 트럼프 대통령 당선 전에도 그랬고, 2020년 기술주 랠리 때도 그랬고, 이제 AI 시대에도 마찬가지다.

'이건 거품이다'라는 말은 언제나 있었다. 그 말을 믿은 사람들은 언제나 상승장을 놓쳤다.

시장을 바라볼 때 경계심과 의심은 반드시 필요하다. 무늬만 AI인 'AI 워싱' 기업, 과도한 부채를 동반한 무리한 투자, 실체 없는 기대감에 올라탄 자산은 경계해야 한다. 하지만 과거의 사례를 기계적으로 갖다 붙이고, '시간이 흘렀으니 이제 터질 차례'라는 식의 근거 없는 비관론를 퍼뜨리는 것은 다르다. 투자가 몰린다는 이유만으로 버블이라 단정할 수는 없다. 누가 투자하고 있는지, 어떤 구조로 자금이 집행되고 있는지, 그 효과가 실제 경제와 산업에서 어떻게 나타나고 있는지가 중요하다. 그리고 투자의 결과는 결국 현실에서 검증된다.

투자를 판단할 때 봐야 할 것은 공포가 아니라, 지금 이 순간에도 쌓이고 있는 현실의 증거들이다.

AI는 닷컴 버블일까

AI는 버블이 아니다. 지금 이뤄지고 있는 수백조 원 규모의 AI 인프라 투자는 앞으로 AI가 만들어낼 경제적 가치에 비하면 결코 넘치지 않는다.

이제 AI 개발은 아이디어 단계나 실험 단계에 머물러 있지 않다. 챗GPT를 시작으로, 모든 산업의 '실행 방식'을 바꾸는 초기 단계의 대전환이 이미 시작됐다. 2026년 CES에서는 챗GPT의 뒤를 이어 '말하는 AI' '움직이는 AI', 나아가 산업 현장에서 생산성 향상과 경제적 가치 창출을 이뤄내는 '피지컬 AI'가 화두였다. 엔비디아 CEO 젠슨 황은 "피지컬 AI가 챗GPT 모먼트(변곡점)에 다다르고 있다"라고 선언했다.

저자는 실리콘밸리에 살면서 이 변화를 느낀 지 오래다. AI는 이미 기업의 의사결정, 비용 구조, 업무 방식을 바꾸고 있다. 지금 벌어지고 있는 현실이다.

AI 증시 랠리를 이끄는 엔비디아, 마이크로소프트, 구글, 메타, 아마존 같은 기업들은 하루아침에 등장하지 않았다. 모두 수십 년의 역사와 확실한 사업 기반을 가지고 있다. AI 서비스는 이미 모든 기업과 산업에 도입되기 시작했다. 근거 없이 '버블'을 외치는 것은 곧 현실을 모른다고 고백하는 것과 같다.

그래도 "한국은 아니지 않느냐?"라고 묻는 사람이 있다. 되묻겠다. 미국을 제외하고 AI에 투자할 만한 나라가 과연 어디 있을까?

중국? 규제와 지정학 리스크가 항상 따라다니는 나라다.

이미 니케이 5만을 넘어선 일본? 삼성전자나 SK하이닉스도 없는데 이미 너무 많이 올랐다.

TSMC 하나에 모든 걸 건 대만? AI 공급망 전체를 감당하기엔 너무 좁다. 게다가 중국과의 지정학적 긴장도 날로 높아지고 있다.

유럽은 기술은 있으나 속도와 확장성이 부족하다. 그래서 남는 선택지는 분명하다.

한국뿐이다.

한국은 반도체를 만들고, AI 인프라를 깔고, AI를 실제 산업에 적용할 수 있는, AI의 공급망을 관통하는 역량을 가진 유일한 나라다. 한국 기업들은 이미 기술 경쟁력과 콘텐츠 생산력을 갖추고 AI 시대를 맞이하고 있다. 트럼프 정부 2기에서 이어지는 경기 회복과 투자심리 개선에 기대어, 갈 곳 없는 유동성이 바로 이곳 한국으로 눈을 돌리고 있다.

코스피 1만이
가능한 이유

주가는 어떤 원리로 결정될까? 자본시장연구원에 따르면 적정 주가 수준에 가장 큰 영향을 미치는 요인은 주주환원(37%), 재무적 특성(36%), 거시경제(13%)였다. 이 세 가지가 주가의 약 90%를 좌우한다.

주주환원은 배당 확대와 자사주 매입, 소각을 의미한다. 재무적 특성은 기업 실적, 거시경제는 환율·금리·유동성 등을 포함한다. 즉, 주가 결정의 4분의 3은 주주환원과 기업 실적에서, 나머지 4분의 1이 거시경제 요인에서 비롯된다. 코스피 지수가 희망적인 수치, 즉 '1만'에 도달할 수 있을지도 결국 이 세 가지에 달려 있다.

우리 앞에 놓인 물음은 매우 다양하다. 새롭게 들어선 이재명 정부는 계획대로 상법과 세제 개편에 성공, 배당을 늘리고 소액주주 보호라는 목표를 이룰 것인가? 그리고 확장적 재정 정책과 추경이 기업 실적 개선으로 이어질 것인가? 트럼프 대통령의 관세와 연준의 금리 결정은 글로벌 유동성에 어떤 영향을 줄 것인가? 달러 약세와 원화 강세 속에 외국인 투자자들이 귀환할 것인가? '코스피 1만 시대'는 과연 실현 가능한 목표일까? 여러 전문가의 답은 '그렇다'이다.

사실 1만은 그리 비현실적인 수치가 아니다. 주가 대비 순자산 비율PBR이 일본 수준만 되어도 코스피는 자연스럽게 5,000에 도달한다. PBR이 대만 수준이라면 무려 8,300까지도 올라갈 수도 있다. 일본이나 대만과 비슷한 수준으로 밸류에이션을 회복하고, 다른 상승 요인이 더해지면 충분히 도달 가능한 수치다.

코스피 지수가 4,000이 넘은 지금도 코스피 시장은 여전히 다른 나라 주요 주식시장에 비해 저평가되어 있다. 2025년 10월 말 기준 코스피의 PBR과 PER은 각각 1.3배와 18.4배로 미국(5.6배·34.8배), 일본(2.6배·22.0배), 중국(1.6배·19.5배), 대만(3.1배·23.3배) 등과 비교해 여전히 한참 낮다.

	한국	미국	일본	중국	대만
PBR	1.3	5.6	2.6	1.6	3.1
PER	18.4	34.8	22.0	19.5	23.3

주요 국가 PBR, PER 비교(출처: 기획재정부, 2025.10.28.)

현재 코스피에 일본의 밸류에이션 지표가 적용된다면 이미 코스피 지수는 최소 5,000을 넘었어야 한다. 최대 8,000도 가능하다(PBR 2배, PER 85% 수준). 또, 대만의 밸류에이션 지표가 적용된다면 이미 최소 5,000, 최대 9,000을 넘어서야 한다(PBR 2.4배, PER 80% 수준).

경제 규모가 다른 미국, 중국을 제외하고 비교를 해봐도 코스피 시장의 저평가는 여전해 보인다. 코스피 지수가 4,000을 넘긴 후에도 주요 해외 투자 은행들이 '매수 의견'을 유지하며 목표 주가를 상향 조정하는 이유다.

> **"최고 수준인 주요국 증시 밸류에이션과 달리 한국의 밸류에이션은 아직 최고치에 도달하지 않았다."**
> **JP모건, 2025.11.**

> **"인공지능과 방산, K-컬처 등 구조적 성장 동력이 정부 개혁 의제와 맞물리며 코스피는 단기적으로 4,200에 도전할 것."**
> **모건스탠리, 2025.11.**

코스피 상승 전망에는 국내 주요 금융기관들도 합세했다.

단기적인 코스피 지수의 '정상 수준'이 5,000~8,000이라 하면 향후 5년 내 1만은 충분히 가능한 수치다.

연상승률로 바꿔 생각해보자. 코스피 지수가 현재 수준에서 향후 5년 동안 매년 20%씩 상승하면 코스피 지수는 3년 후에는 7,000, 5년 이후에는 1만이 된다. 매년 20% 상승률은 불가능하지 않다.

지수 상승을 실적 증가와 밸류에이션 재평가의 조합으로 보는 것이 필요하다. 한국 기업이 지속적인 실적을 내고, 그 실적에 대한 가격이 정상화된다면 주가 상승이 계속될 것이다.

앞으로 5년간 한국 기업, 특히 반도체와 AI 분야 기업의 실적은 보수적으로 보더라도 10~15% 성장할 수 있다. 전 세계적으로 데이터센터 투자는 2029년까지 연평균 20% 이상 성장할 것으로 전망된다. 또, SK하이닉스의 고대역폭메모리 HBM 시장은 향후 연 30% 성장이 가능하다는 전망도 있다. 이들에 대한 투자 확대는 한국의 반도체, 인프라 공급망 관련 기업들에 직접적인 수혜가 될 것이다. AI 인프라에 대한 지출이 30%대로 성장한다면, 전체 시장 평균을 보수적으로 잡더라도 코스피 주요 기업들의 연 10~15% 실적 성장률은 충분히 가능하다. 여기에, 단 5~10%의 추가 밸류에이션만 더해져도 연평균 20% 상승이 가능해진다

다른 주식시장의 사례를 보자.

- 미국 나스닥100 지수는 지난 10년간 평균 18% 상승했다.
- 일본은 지배 구조 개혁을 현실화하던 2013년 이후 여러 차례 연 20% 이상 급등을 기록했다.
- 대만은 TSMC를 중심으로 AI 반도체 공급망의 핵심국가가 되면서 2019~2021년 사이 연 20~30% 상승을 반복했다.

즉, 국가 단위의 주식시장이 연 20% 이상 오르는 것은 예외적 사건이 아니다. 이 정상적인 패턴이 코스피 시장에도 나타날 가능성이 지금 그 어느 때보다도 높다. 5년 내, 2030년 전후로 코스피가 1만을 돌파하는 것은 충분히 가능하다.

저평가와 성장의
교차점에서

2024년 12월 3일, 윤석열 대통령의 계엄령 선언은 큰 충격이었다. 평소처럼 출근한 내게 미국인 동료들이 가족의 안부, 심지어 생사까지 묻기 시작했다. 북핵 관련 뉴스가 나올 때에도 "아무 일 없을 것"이라 답했었지만, CNN과 블룸버그TV에 연일 보도되는 서울발 뉴스의 분위기는 이전과 사뭇 달랐다. 한국인들조차 이해하기 어려웠던 계엄령의 배경과 전개 과정을 외국 기자와 방송이 해석하기는 더 어려워 보였다.

당시 정치적 불안이 퍼지며 코스피 지수는 급락했고 원·달러 환율은 급등했다. 이어 불과 열흘 만에 대통령 탄핵안이 국회에 상정·가결됐고, 금융당국은 비상 경제회의를 열어 시장 안정에 나섰다. 이 사이 코스피는 하락 폭을 회복하지 못한 채 2,400~2,500선 박스권에서 등락을 거듭했다. 그렇게 4개월 가까이 이어진 답답한 흐름은 2025년 4월, 헌법재판소가 탄핵을 인용하고 대통령 선거 일정이 확정되면서 급변했다. 불확실성이 걷히자 코스피는 즉각 반등했고, 2,400에서 3,200까지 30% 상승하는 데 3개월도 걸리지 않았다.

흥미로운 것은 이 지수 상승이 많은 사람에게 놀라움을

주었다는 점이다. 새롭게 들어선 이재명 정부에 대한 시장의 기대치는 그리 높지 않았다. 이전까지의 정책·행보가 '반시장적'이라는 인식이 강했고, 규제 강화나 기업 친화적이지 않은 조치가 나올 수 있다는 우려가 팽배했기 때문이다. 바로 그 때문에, '새 정부에서는 랠리가 힘들다'라는 선입견이 시장을 지배했다.

이재명 대통령은 취임 초반부터 '코스피 5,000' 시대를 선언하며 대규모 추경과 자본시장 개혁을 통한 주가 부양 의지를 표명했다. 시가총액·매출 기준을 대폭 강화해 코스닥 상장 폐지 요건을 높이고, 주가 조작 등 불공정 행위가 적발되면 즉시 시장 접근을 금지하는 '원스트라이크 아웃제'를 도입하겠다고 밝혔다.

이 과정에서 '걸리면 죽는다' '패가망신'과 같은 강한 표현을 사용하며 시장 질서 확립 의지를 드러냈다. 또, 개인 투자자 반발이 거셌던 '10억 대주주' 양도세 과세 기준 상향안을 발표했다가 여론 압박 속에 철회하는 해프닝도 있었다.

이러한 메시지는 장기적으로 시장의 공정성을 높이려는 의도였지만, 투자자들에게는 위협적이고 혼란스러운 신호였으며, 무엇보다도 무조건적인 주가 부양 정책과는 거리가 있었다. 다만 이런 혼재된 인식과 불확실성에도 불구하고 코스피는 랠리를 시작했다. 그 배경에는 한국으로 향하는 글로벌 머니의 흐름이 있었다.

글로벌 머니가 움직이면
지수는 뛴다

2025년 2월 미국의 트럼프 2기 정부 출범은 전 세계 자금 흐름을 바꾸는 신호탄이었다. 2017년 1기 집권 때와 마찬가지로 트럼프 대통령은 취임 직후부터 대규모 감세와 규제 완화, 인프라 투자 계획을 내놓으며 기업 실적 개선과 경기 부양을 노골적으로 밀어붙였다.

트럼프 1기 정부 초반, 미국 주식시장은 브렉시트 충격으로 단기 급락했지만 충격을 금세 극복하며 역사적 랠리를 기록했다. 투자자들은 정치적 호불호가 아니라 실적과 유동성에 반응했다.

"나는 트럼프와 단 1초도 마주하고 싶지 않지만, 그가 내 주식을 올려줄 사람이란 것은 압니다."
나탈리 허, 《앞으로 3년, 미국 랠리에 올라타라》 (쌤앤파커스)

트럼프 2기 정부의 분위기 역시 비슷했다. 실제 정책은 유동성 확대와 금리 인하, 경기 부양에 맞추었지만 관세 인상과 거친 외교 발언이 시장 불안을 자극했다. 윤석열 대통령 탄핵이 인용되었던 4월 초는 트럼프 대통령의 관세 충격으로 나스닥이 급락한 시점이기도 하다. 관세 발표 직후 미국 주요 지수는 4~7% 급락했고, 미 국채 가격도 급등했다.

하지만 하락은 오래가지 않았다. 관세 집행 90일 유예, 스마트폰·노트북·반도체 등 주요 기술 품목의 관세 제외가 곧바로 발표되면서 불확실성이 크게 완화됐다. 그 결과 S&P500은 하루 만에 9.5%, 나스닥은 12.2% 오르는 기록적 반등을 보였고, 2025년 1분기 실적에서 S&P500 기업 다수가 시장 예상치를 웃돌면서 급락세는 진정되었다.

관세 충격 후 단기 급락 구간에서 개인 투자자의 저가 매수 역시 상승 요인이었다. 특히 핀테크 플랫폼 로빈후드에서는 4월 한 달 미국 주식 거래대금이 약 1,578억 달러로 전월 대비 26%, 전년 동월 대비 123% 증가했다. 로빈후드의 최고중개책임자**CBO** 스티브 쿼크**Steve Quirk**는 "개인 투자자들이 4월 미 증시 급락 직후 회복을 이끌었다"라며 이를 팬데믹 이후 '개인 투자자들이 미 증시를 구한 두 번째 사례'로 언급했다.

투자 심리가 회복되자 투자자들은 해외시장으로도 눈을

돌렸다. 사상 최고가를 매일 경신하는 미국 주식에 대한 고평가 우려가 확산하며, 글로벌 자금은 성장 잠재력이 크고 저평가된 시장을 대안으로 찾기 시작했다.

그 대안 가운데 가장 매력적인 후보 중 하나가 한국이었다. 주요국 대비 낮은 밸류에이션과 반도체·배터리·조선·방산 등 탄탄한 글로벌 경쟁력을 가진 업종 포트폴리오가 있었기 때문이다. 이런 배경에서 2025년 4월 탄핵 정국이 마무리되며 정치적 불확실성이 걷히자 외국인 자금이 빠르게 흘러들었다.

2025년 5월은 전환의 신호탄이었다. 외국인들은 9개월 연속 코스피 순매도를 끝내고 약 1조 원 순매수를 기록했다. 6월 역시 외국인 순매수 흐름은 가속화되었고, 7월에는 한 달간 무려 6조 원이 넘는 주식을 외인들이 순매수하며 17개월 만에 최대치를 기록했다. 외국인 순매수의 절반 이상이 삼성전자에 몰렸지만, 전체적인 범위는 반도체에서 조선, 방산, 자동차까지 넓어졌다. 외국인 순매수세가 강화되며 외국인 국내 주식 보유 규모는 7월 말 900조 원이 넘어서며 사상 최대치(전년 말 대비 약 37%)를 기록했다.

외국인들의 폭발적인 코스피 순매수 배경은 아시아 증시 투자 흐름, 특히 AI 기술 섹터 집중투자였다. 6월 중 아시아 증시로 유입된 60억 달러 가운데 대만 투자가 30억 달러, 한국 투자가 20억 달러를 차지한다. 이는 7월이 되자 각각 78억 달러, 45억 달러로 확대됐다. 이들 외인의 투자 기준은 명확했다. AI·반도체 섹터의 성장 낙관론과 매력적인 밸류에이션이다. 미국에서 풀린 유동성이 비싸진 미국 시장 밖에서 찾은 대안은 바로 아시아, 그리고 한국이었던 것이다.

글로벌 유동성에 집중해야 하는 이유

한국 시장은 외국인의 영향이 유난히 강한 시장이다. 코스피 시가총액의 약 3분의 1을 외국인이 보유하고 있다. 아시아 주요 시장 가운데 한국보다 외인 비중이 높은 곳은 대만 정도다. 트레이더로 일할 때 저자는 외인이 방향을 틀면 지수는 물론 환율까지 흔들린다며 한국 시장을 아무 관개 시설 없이 비에만 의존해 농사를 짓는 '천수답天水畓'에 비유하곤 했다.

위기 상황이 오면 이 패턴이 더욱 또렷하게 드러난다. IMF 외환위기, 서브프라임 금융위기 때도 한국 시장의 주가가 급락했고, 환율이 급등하면 외국인들은 저가 매수에 나섰다. 이어서 지수가 반등하고 원화가 안정되면 이들이 주가 상승 이익과 환차익을 동시에 거두는 장면이 반복됐다. 기관은 대체로 그 흐름을 따랐고, 개인도 뒤따라 움직였다.

이런 코스피 시장의 체질은 30년 전 IMF 연구 결과에서도 확인된다. 2003년 IMF 분석에 따르면 한국 주가를 가장 크게 움직인 것은 개별 기업 실적이나 정부 정책이 아니라 외국인 자금 유입과 글로벌 금융지표, 특히 반도체 지수 추이였다. 외국인이 사는 날 코스피는 상승하고, 파는 날 하락하는 '양의 상관관계'가 통계적으로 확인됐다. 나스닥·필라델피아 반도체 지수가 강세를 보이면, 그다음 날 외국인들은 코스피를 매수했다.

30년 전 연구의 메시지는 지금도 유효하다. 외국인은 여전히 코스피의 3분의 1을 쥐고 있고, 기관은 외인 수급과 동행하는 경향이 강하다. 한국은 여전히 외인 민감형 천수답 시장이다.

외국인들은 계속 코스피를 살까

미국에서 바라보는 내 관점으로는, '그럴 가능성이 크다.'

우선, 완화적인 재정·통화 정책으로 단기 유동성 공급이 늘 것이다. 트럼프 행정부는 1기 행정부와 마찬가지로 감세, 재정 지출 확대를 내세운 이른바 '크고 아름다운 법안**One Big Beautiful Bill, OBBB**'을 밀어붙였다. 민주당은 재정적자가 확대된다며 반대했지만 결국 이 법안은 2025년 7월 상하원을 통과했다.

통화 정책도 완화될 것이라는 기대가 커졌다. 관세가 물가를 자극하는 만큼 연내 금리 인하는 멀어졌다는 것이 2025년 상반기 시장 참가자들의 일반적인 예상이었다. 그러나 트럼프 대통령은 여전히 연준의 금리 동결 기조에 대해 압박의 수위를 높이고 있다. 금리 동결에 반대한 제롬 파월 의장을 비난하며 연준 이사직에 본인이 선호하는 충성파 인재를 임명하고 있다. 백악관의 노골적인 압박, 연준 내 비둘기파 인선, 연내 금리 인하에 대한 기대감도 높아지고 있다.

재정과 통화가 동시에 완화로 기울면 달러 유동성은 늘어날 수밖에 없다. 연준의 독립성과 재정적자 확대에 대한 장기적 우려는 분명 존재하지만, 현시점의 정치적 인센티브는 경기 부양 쪽에 실려 있다. 경기 부양 정책의 배경에는 2026년 11월로 다가온 상원 선거도 한몫한다. 주가 상승을 통한 표심 획득은 오랜 정치 공식이다. 이런 여러 가지 이유로 늘어난 달러 유동성은, 고평가 부담이 큰 미국 내에서 일부 흘러나와 저평가이면서 성장 서사가 분명한 한국 같은 시장으로 이동할 것이다.

반도체 사이클도 우호적이다. AI 수요가 업황을 끌어올리며, 주요 반도체 기업들의 실적은 예상치를 상회하고 있다. 초대형 IT 업체들의 막대한 투자가 서버·GPU·메모리·장비로 번지며 실물 수요를 만들고, 파운드리·메모리 모두 실적 상향과 설비 투자 유지 국면이 이어지고 있다. 물론 AI 투자 모멘텀이 둔화하거나 관세·수출통제 같은 정책 쇼크가 오면 단기 변동성은 커질 수 있다. 하지만 중기 추세는 당분간 견조하다는 것이 시장의 기본 시나리오다.

글로벌 유동성 증가와 반도체 업황 개선이 유지되는 한 외국인의 코스피 매수는 계속될 공산이 크다. 이 흐름을 보기 위해 투자자들이 살펴봐야 할 지표는 다음 세 가지다.

미 금리·달러 방향(유동성).
외국인 순매수·보유 잔고(수급).
AI·반도체 업황(실적, 투자).

이 세 바늘이 동시에 '긍정'을 가리키고 있다면, 코스피 시장은 외국인 수급을 동력으로 추가 상승 흐름을 타게 될 것이다.

안에서 보는 한국, 밖에서 보는 한국

2025년 말 코스피 4,000 돌파라는 이슈가 아니어도 한국은 엄청난 스포트라이트를 받았다. 트럼프 대통령의 방한 덕분이다. 트럼프 대통령은 한국을 "AI 경쟁의 핵심파트너"로 언급하고, 방한 기간 중 삼성전자·SK그룹·현대차그룹·네이버 등과 인프라 공동 투자 의사를 논의했다.

한편, 트럼프 대통령에게 선물한 신라 금관은 의도치 않은 문화적 상징성을 만들며 미국 언론의 주목을 받았다. 미국 내에서는 같은 시기 'No Kings(왕은 없다)' 시위가 전개되고 있었기 때문에 트럼프 대통령이 금관을 선물로 받는 장면이 시청자들의 흥미를 끈 것이다.

CNN, NBC, 워싱턴포스트 등은 시위대의 플래카드와 금관을 쓰고 있는 트럼프 대통령의 이미지를 대조시켰고, 소셜미디어에서는 트럼프 대통령이 금관을 쓴 모습을 희화한 밈 meme이 빠르게 확산했다. 더불어 미국 언론은 금장식을 좋아하는 트럼프 대통령의 취향을 저격해 협상을 성공적으로 이끈 한국의 전략도 높이 평가했다. 재미있는 댓글도 많았다.

"트럼프에게 왕관을 씌우는 한국 사람들… 역시 똑똑해,
다루는 법을 잘 알고 있군."
"영리한 한국인들이 트럼프를 조롱하네."
"한국인들이여, 독재자를 꿈꾸는 사람에게 왕관을 씌워
주면 안 돼요."

미국에서 10월 31일은 핼러윈데이이기도 하다. 이날 아
이들에게 최고 인기였던 의상은 〈케이팝 데몬 헌터스〉의 주인
공 의상이었다. 미국의 여느 동네 아이들이 대개 '케데헌' 의상

〈케이팝 데몬 헌터스〉 주인공 의상을 따라 입는 미국 아이들(NBC 뉴스)

을 입고 있었던 것으로 기억한다. 이들 사이에서 갓을 쓰고 한복을 입은 한국인 부모들은 '헌트릭스'와 '사자 보이즈'들을 따라다니고 있었다. 실리콘밸리 한복판에서 이런 뉴스를 접하는 나에게 '코스피 1만'으로 표현할 수 있는 한국의 미래는 밝게만 보였다.

그런데 한국에서 온 사람들과 이야기를 나누면 분위기는 달랐다. 내가 "코스피 1만이 가능하다"라고 말하면 다들 얼굴이 어두워졌다. "한국 기업은 근본적으로 경쟁력이 부족하다" "한국 사회에는 기회가 없다" "편리하지만 희망은 없다" "실리콘밸리에 와보니 더 확실히 느껴진다"라는 이야기를 하는 이들이 많았다. 걱정과 비관은 다양했고 진지했다. 그래서 명확히 말하고 싶다.

내가 말하는 '코스피 1만' 전망은 이들의 비관을 부정하거나 가볍게 무시하는 이야기가 아니다. 초저출산, 정체된 성장, 높은 주거비 부담, 내수시장 둔화, 사회적 피로감 같은 문제들은 실제로 존재한다. 당연히 한국에 살고 있는 사람들이 더 깊이 체감하고 있고, 더 진지하게 걱정할 수밖에 없다.

다만 나는 '관점의 전환'에 대해 이야기하고자 한다. 당연한 이야기지만, 주식이 오르는 이유는 '사는 사람이 많기 때문'이다. 그리고 지난 5개월 동안 코스피를 끌어올린 힘, 또한 앞으로도 한동안 시장을 밀어 올릴 힘은 외국인 매수에서 올 것이다.

외국인들이 한국을 사는 이유는 한국이 완벽해서가 아니다. '다른 대안이 없기 때문이다.' 글로벌 자금은 늘어나고, 어딘가에 투자를 해야만 한다. 그리고 지금, 미국 외 지역 중에서 한국이 가장 나은 후보다.

PIMCO에 근무할 때 저자는 글로벌 자금의 투자를 직접 경험했다. 지금처럼 미국이 금리를 인하하면 시장에는 돈이 넘쳐난다. 넘쳐나는 돈은 어디론가 가야 하는데, 채권 금리는 낮아지고 있다. 미국 주식시장은 그동안 너무 많이 올라서 너무 비싸다. 그렇다면 미국 밖 어떤 나라에 투자할 것인가?

기관 투자자들이 모여 의사를 결정하는 과정은 대략 이렇다. 우선 포트폴리오 매니저들이 한자리에 모여 여러 나라 주식시장을 놓고 토론을 시작한다. 어떤 기업이 있는지, 실적은 좋을지, 현재 밸류에이션은 어떤지 등 주요 요건에 대해 이야기를 나눈다. 그리고 나서 나라별 순위를 매기고, 각 나라마다 투자액의 비중을 정한다.

이는 회사에서 직원을 뽑는 일과 비슷하다. 우리는 완벽한 후보가 아니라 '그 시점에서 가장 나은 후보'를 골라야 한다. 투자도 마찬가지다.

그리고, 이제 곧 코스피가 '가장 나은' 시점이 온다.

이미 5만을 넘어버린 일본의 니케이 지수, 트럼프의 자본 통제로 자금 회수마저 불투명한 중국 시장, TSMC 하나가 시장의 3분의 1을 차지하는 대만, AI를 테마로 한 기업이 거의 없다시피 한 유럽까지. 이 가운데 어느 나라에도 삼성전자, 하이닉스, 카카오, 네이버에 견줄 만한 회사가 없다. 대만에는 TSMC가 있으나 대만의 현재 지정학적 위험은 너무나 큰 리스크다. 결국 선택지는 대만을 포함해 한국, 그리고 아마도 일본 정도로 좁혀진다.

외국인들이 2025년 대만과 한국을 꾸준히 사온 이유가 바로 이것이다. 그리고 대만에 비해 한국의 주식시장은 여전히 현저하게 싸다.

주식을 개인적 기호와 판단에 따라 사는 개인 투자자들과 글로벌 자금을 집행해야만 하는 외국인 투자자(대부분 기관이다)의 관점은 완전히 다르다. 외국인들은 코스피를 계속 살 수밖에 없다. '다른 선택지가 없기 때문이다.'

미장으로 떠난
한국 투자자들도 돌아온다

2025년 초 한국에서 만난 기관 투자자들은 코스피의 향후 상승에 대해 높은 기대감을 드러냈다. 전고점인 3,200선을 넘어 4,000, 나아가 5,000까지 가기 위해 무엇이 필요한지에 대한 대화도 오갔다. 한 주요 증권사 지점장의 말이 인상적이었다.

"코스피가 전고점을 뚫고 상승하려면 미국 시장으로 떠난 한국 투자자들의 귀환이 필요하다고 봅니다. 이미 미국 증시는 크게 오른 데다 환율이 하락세로 돌아서면 떠났던 투자자들이 코스피로 돌아오지 않겠습니까? 그 매수세가 3,200선을 돌파하고 전고점을 경신하는 힘이 될 수 있다고 생각합니다."

이 말을 들으며 전작 《앞으로 3년, 미국 랠리에 올라타라》를 집필하던 때가 떠올랐다. 당시만 해도 미국 주식 투자는 한국 투자자들에게 낯선 개념이었다. 나는 미국 주식 투자의 필요성을 설명하기 위해 분산투자 이론을 꺼내야 했다. 부동산 비중이 과도하게 높은 한국 투자자들에게 달러 자산인 미국 주식은 훌륭한 분산투자 수단이었다. 부동산과 주식은 대체로 반대로 움직이고, 원화로 보유한 국내 부동산과 달러로 보유한 해외 주식을 동시에 갖추면 위험 선호 국면에서는 주식이 오르고 원화가 강세를 보이며, 반대로 시장 불안에서는 부동산 가격이 떨어지더라도 달러 가치 상승이 손실을 일부 상쇄해주는 '헤지 효과'를 기대할 수 있다는 주장이었다.

그때 나는 트럼프 대통령에 대한 오해(?)도 풀고 싶었다. 대선 전 다수의 시장 전문가들은 그가 당선되면 금융위기가 닥칠 것처럼 경고했다. 그러나 나는 이렇게 썼다.

"트럼프 시대는 위기가 아니라 기회다. 트럼프 시대의 미국은 '저평가된 우량주'다. 트럼프에 대한 지나친 불안감과 위기의식 때문에 미국 경제의 긍정적인 면이 과소평가되고 있다."

내 예상은 맞았다. 트럼프 당선 직후 '트럼프 랠리'가 시작됐고, 취임 한 달 만에 다우 지수는 2만을 돌파했다. 그의 첫 임기(2017.1. ~ 2021.1.) 동안 나스닥은 150% 이상 상승했다. 금리 인상과 인플레이션 압력에 대해 조정을 받았던 2022년을 제외하면 나스닥은 매년 30~40%씩 올랐다. 엔비디아, 애플, 마이크로소프트 같은 대형 기술주는 장기적으로 폭발적인 성장세를 이어가며 2016년 5,400에 불과했던 나스닥 지수를 2만으로 끌어올렸다. 이런 '드림 스토리'는 코스피 시장에는 없는 이야기였다.

미국 증시의 상승세가 지속하자 한국 투자자들의 자금은 미장으로 향했다. 코스피는 박스권에 갇혀 움직임이 둔했고, 기업들의 주주환원 정책도 부족했다. 매 분기 실적 서프라이즈, AI와 기술 테마, 일론 머스크와 젠슨 황 같은 스타 CEO의 영향, 환율 효과까지 더해져 미국 시장은 두 자릿수를 훌쩍 넘는 수익률을 기록했다.

그 결과 한국 개인 투자자의 미국 주식 보유액은 2019년 84억 달러에서 2022년 말 442억 달러로, 불과 3년 만에 5배 이상 늘었다. 이 증가세가 최근까지도 이어지면서 2024년 말에는 한국 개인 투자자들의 미국 주식 보유분이 1,121억 달러로 전년 대비 65% 늘었다. 테슬라, 엔비디아, 애플, 마이크로소프트 등 대형 기술주에서 한국 투자자들은 명실상부한 '큰손'이 된 것이다.

미국 투자 비중이 늘어난 만큼 한국 주식 비중은 줄었다. 2024년 한국 투자자들이 약 4억 달러를 순매도하면서 코스피 지수가 10% 하락했다. 이후 2025년 상반기 이재명 대통령 당선 후의 코스피 랠리를 보며 나는 일종의 데자뷔를 느꼈다. 정치적 논란과 반시장 이미지가 덧씌워진 이재명 대통령의 당선 직후 시작된 주가 상승, 그리고 글로벌 환경과 외국인 매수세가 맞물린 상승 국면에서 앞으로 수년간 이어질 수도 있는 장기 랠리의 서막을 예감했다.

과연 미국 시장에 머물던 이들이 언제, 어떤 계기로 코스피로 눈을 돌릴 것인가? 미국 증시의 고점 부담과 한국 증시의 저평가 매력 신호가 감지되는 만큼, 그 귀환의 흐름은 머지않아 시작될 수도 있다. 한국 투자자들이 다시 코스피로 돌아올 조건은 크게 세 가지다.

첫째, 환율 환경이다. 원화 강세가 지속될 경우 해외 투자에서의 환차익 매력이 줄어들고, 국내 투자로의 회귀 유인이 커진다.

둘째, 국내 시장의 밸류에이션 매력이다. 현재 코스피는 여전히 선진국 대비 저평가 상태이며, '코리아 디스카운트' 해소 가능성이 높아질수록 매수세가 붙을 수 있다.

셋째, 정책 드라이브다. 이재명 정부가 공언한 배당 확대, 세제 개편, 지배 구조 개선 등이 실제로 추진된다면 지금 떠나 있는 자금이 돌아올 수 있는 제도적 토대가 마련된다. 결국 '코리안 개미'의 귀환은 환율, 밸류에이션, 정책이라는 삼박자가 맞아떨어질 때 본격화될 것이다.

탄핵 정국 전후,
그리고 랠리

〈뉴욕타임스〉는 2025년 상반기 아시아 주식시장 중 단연 최상위 성과를 이룬 코스피 지수 상승 원인을 다음과 같이 분석했다.

첫째, 정치적 불확실성 해소다. 2024년 12월 계엄 시도와 대통령 탄핵·파면으로 이어진 혼란에다 트럼프발 관세 압박까지 겹치며 코스피는 2025년 초까지 부진했다. 그러나 이재명 대통령 당선으로 여소야대가 해소되고 대통령과 국회가 하나가 된 '단일 정부'가 출범했다. 새로운 정부의 주가 부양 정책에 대한 기대감이 커진 이유다.

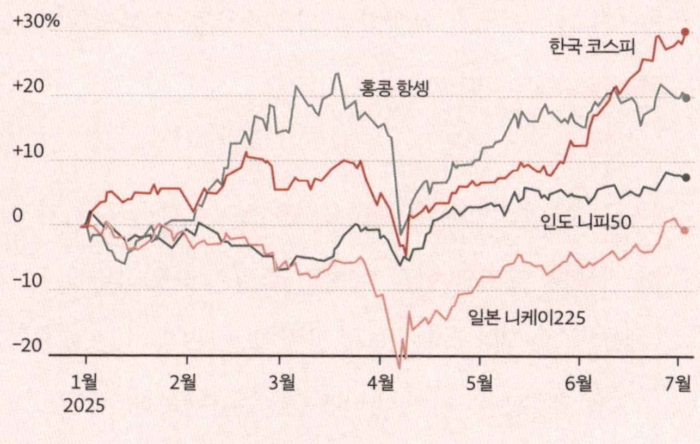

아시아 주요 주식시장 지수 변화

"투자자들은 계엄, 탄핵, 그리고 대통령 파면에 이른 국면 끝에 안정을 찾고 있었다."

톰 래미지 Tom Ramage**, KEI**

둘째, 코리아 디스카운트 해소에 대한 기대감이다. 한국 기업들은 오랜 기간 회계 가치 대비 낮은 주가를 기록해왔다. 낮은 배당, 약한 주주 권한, 미흡한 지배 구조 등 다양한 원인이 있다. 이재명 대통령은 '코스피 5,000'을 공약하며 세제와 규제 개편, 배당 확대 등 주가 부양책을 약속했다. 국회와 정부가 한 정권으로 통일된 만큼 이들 정책의 실현 가능성이 높아졌고, 이는 외국인 투자자들의 관심을 크게 끌었다.

셋째는 펀더멘털이다. 〈뉴욕타임스〉는 한국 경기가 아직 둔화 국면에 있지만 바닥 다지기 조짐이 분명하다고 평가했다. 제조업 등 내수 지표는 부진했지만, 수출이 반등했다. 2025년 7월 총수출은 전년 대비 5.9% 증가했는데, 특히 그중 반도체는 39.3%, 선박은 107.6%나 급증했다. 즉, 내수와 심리가 부진하긴 하지만 수출 지표가 비약적으로 개선되었다.

원전, 컨테이너선, 무기 체계 등 글로벌 수요가 높은 품목을 한국이 보유하고 있는 점도 외국인 투자자들에게 매력적으로 작용했다는 평가다. 소형모듈원전SMR의 경우 한국은 제조와 설계 공급망을 모두 갖추고 있으며(두산에너빌리티), 조선업은 선박 수출 급증에서 확인되듯 성장 경쟁력이 유지되고 있다. 방산 분야 역시 러시아·우크라이나 전쟁 이후 유럽발 수요가 지속되고 있으며, 폴란드의 K2 전차 추가 계약 추진 등 한국 기업의 방산 수출 파이프라인은 이미 꽉 차 있는 상황이다.

〈뉴욕타임스〉는 동시에 코스피 추가 상승을 위해 해결해야 할 숙제와 리스크도 지적했다. 반도체 등 주요 산업군에 대한 미국의 관세 부담은 여전하고, 트럼프 정부는 자국 이익과 필요에 따라 언제든 추가 관세를 부과할 수 있다. 이재명 정부의 다양한 주가 부양책은 아직 약속 단계에 머물러 있으며, 현재 국회를 통과한 안들은 난이도가 높지 않은 사안에 그친다.

결국 코리아 디스카운트의 핵심 원인인 재벌의 순환출자와 지배 구조 개혁이라는 고난도 과제를 풀 수 있는지가 장기적 밸류업의 관건이라는 평가다.

2장

한국 주식은
너무 싸다

제조업 비중이 과도하게 높은 시장 구조는 코스피를 기술 혁신이나 서비스 성장의 잠재력보다 경기 변동성과 글로벌 수요 사이클에 더 민감하게 만들었다. 또, 대기업 중심의 지배 구조, 낮은 주주환원율, 성장 서사의 단절은 기업의 실제 경쟁력과 무관하게 밸류에이션을 억누르는 요인으로 축적되었다. 이렇듯 시장 구조와 평가 관행이 만들어낸 내재적 요인이 코스피 저평가의 한 축이 되었다.

빅테크와 QQQ,
혁신 성장의 서사

나스닥100을 추종하는 ETF '인베스코 QQQ'의 성과는 기술주 주도의 미국 주식시장 성장을 명확히 보여준다. 기술·혁신·성장주에 집중된 포트폴리오, 낮은 운용 수수료, 높은 거래량에 따른 유동성 덕분에 QQQ는 지난 10년간 약 17%의 연평균 수익률을 기록했다.

저자 역시 10년 넘게 현금의 상당 부분을 QQQ에 투자해 만족스러운 결과를 얻었다. 연수익률 17%는 복리로 계산했을 때 10년이면 400% 이상의 수익이다. 즉, 원금의 5배가

된다. 그런데 이런 방식이 어떤 투자자들의 성에는 차지 않는 듯하다. 암호화폐 투자 등으로 수익률 기대치는 더 높아졌기 때문이다.

높은 수익률은 높은 변동성을 동반한다. 장기 투자에서 변동성 관리야말로 핵심이다. 자산의 규모가 커질수록 작은 변동도 큰 금액 손실을 낳는다. 100만 원 투자에서 10% 손실은 10만 원이지만, 1억이면 1,000만 원, 10억이면 1억이다. 그래서 큰 금액일수록 안정적인 시장에 투자하는 것이 중요하다. 시장은 언젠가 하락하고, 위기 속에서 옥석이 갈린다.

그런 면에서 QQQ와 나스닥의 위기 회복 능력은 특히 만족스럽다고 할 수 있다. 2020년 코로나 팬데믹 충격으로 글로벌 증시가 급락했을 때도 QQQ는 가장 먼저 반등하며 50% 가까운 수익을 냈다. 2025년 4월 트럼프 대통령의 관세 부과 결정으로 미국 증시가 급락했을 때도 기술주의 빠른 회복에 힘입어 QQQ는 일주일 만에 10% 이상 상승했다. 이런 경험이 반복되면서 나는 QQQ의 장기 성과에 대한 확신을 얻게 되었다.

나스닥, QQQ 투자에는 수익률 이상의 의미도 있다. 실리콘밸리에 살다 보면 늘 일종의 소외공포증 **Feeling of Missing Out, FOMO**을 느낀다. 기술은 끊임없이 진화하고, 그 흐름을 놓치면 안 된다는 집단적 압박감이 항상 존재한다. 새로운 혁신을 따라잡아야 한다는 분위기 속에서 QQQ와 나스닥 투자는 단순히 ETF를 보유하는 것이 아니라 AI, 반도체, 플랫폼, 전기차 등 미래 산업 혁신의 물결에 올라타는 선택이기도 했다.

나스닥100 지수는 첨단기술 섹터와 거의 동일하게 움직이며(상관계수 0.9 이상), 애플, 엔비디아, 아마존, 메타, 알파벳, 테슬라 등 이른바 '매그니피센트 7 **Magnificent 7**'이 지수 전체를 이끌고 있다. 따라서 QQQ에 투자한다는 것은 기술 혁신에 실시간으로 동참한다는 것을 의미한다. 이들 기업을 ETF를 통해 간접적으로 보유한다는 사실이 단순한 재무적 수익을 넘어 '혁신을 놓치지 않고 있다'라는 만족감과 소속감을 줬다.

투자 인프라,
상품 다양화와 수수료 인하

한국에서 미국 주식에 투자하는 투자자들의 경험도 이와 크게 다르지 않았을 것이다. 미국 주식의 압도적인 수익률과 빅테크 기업들의 성공 서사에 매료되어 더 많은 자금을 미국 시장에 투자했다. 여기에 더해, 한국에서 접근할 수 있는 미국 주

식 투자 상품이 다양해지고 수수료까지 낮아지면서 한국 투자
자들의 미국 주식 접근성은 크게 개선되었다.

투자 수요 증가와 함께 증권사들은 다양한 미국 주식 상
품을 출시했다. 환율에 노출된 미국 주식의 특성을 반영해 다
양한 헤지 수단이 만들어졌고, 하락장에 투자하는 인버스 상
품과 레버리지 상품 등도 등장했다. 수수료도 낮아졌다. 증권
사들은 미국 주식 수수료를 낮추고 무료 이벤트를 적극적으로
전개했다. 신규 고객에게는 수수료를 면제해주고, 이후에도
매우 낮은 수수료를 적용한다고 홍보했다. ETF도 마찬가지
였다.

증권사들이 수수료 인하에 나설 수 있었던 이유는 해외
주식 수탁액이 급증하면서 수수료 수익도 함께 늘었기 때문이
다. 수수료를 낮추면서라도 수탁액을 늘려야 할 만큼 시장 수
요가 받쳐준다는 뜻이다. 2024년 한국 증권사들이 수수료로
벌어들인 금액은 사상 처음으로 1조 원대를 돌파했다. 증권사
들은 다양한 마케팅과 수수료 인하 혜택을 내세우며 투자자
확보에 열중하고, 출혈경쟁까지 마다하지 않았다.

이 같은 경쟁은 투자자들에게 낮은 수수료와 다양한 상품
이라는 직접적인 혜택으로 이어졌다. 그 결과 한국 투자자들
이 미국 주식에 투자할 때 부과되는 수수료는 해마다 낮아졌

고, 수수료 부담이 줄어들면서 매매 빈도는 높아지고 거래량도 크게 늘어났다. 결국 한국 투자자들이 미국 주식을 일상적으로 사고팔게 되면서 코스피 시장은 그 기억에서 점점 멀어져갔다.

<h1 align="center">제조업에 갇힌
코스피</h1>

한국 주식시장은 다른 주요국과 달리 제조업 편중이 극심하다. 한국의 GDP 대비 제조업 비중은 전 세계 최상위권에 속하며, 코스피 시가총액 상위 기업을 살펴보면 네이버, 카카오, 일부 은행을 제외하고 대부분이 반도체·자동차·화학 등 제조업 기업들이다. 따라서 코스피는 한국 전체 실물경제보다는 제조업 경기 사이클을 훨씬 더 직접적으로 반영하는 지수라고 할 수 있다.

코스피의 제조업 의존도를 가장 잘 보여주는 예가 바로 삼성전자다. 삼성전자 의존도는 과거보다 다소 줄었지만 여전히 코스피 시가총액의 15% 이상을 차지한다. 삼성전자 주가가 흔들리면 코스피 전체가 출렁인다.

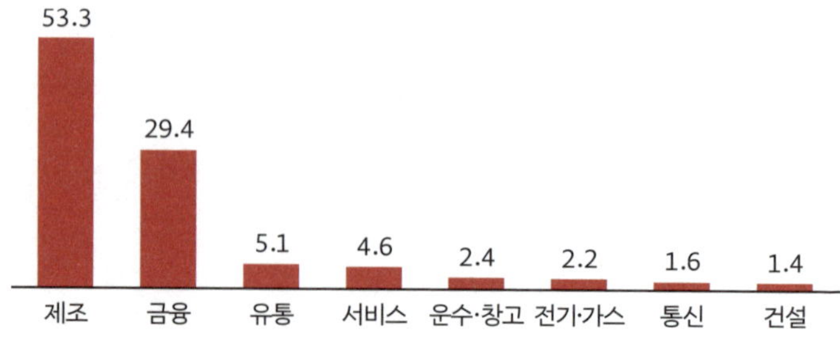

2023년 말 기준 코스피 업종별 자본 비중
(단위: %, 출처: 증권예탁원, 삼일PwC 경영연구원)

2024년 하반기 삼성전자 주가 폭락은 중요한 사례다. AI 반도체 시장에서의 경쟁 우려가 불거지며 삼성전자 주가가 하락하기 시작했다. HBM 기술 경쟁력에 대한 불확실성이 해소되지 않은 가운데 트럼프 2기 행정부 출범에 따른 정책 불안 심리까지 겹쳤다. 외국인 투자자들의 대량 매도가 이어지면서 삼성전자는 급락했고, 동시에 코스피 지수도 힘없이 밀려 내려갔다. 이 사건은 한국 증시가 가진 두 가지 구조적 리스크를 명확하게 보여준다.

첫째, 수출·제조업, 특히 소수 대기업에 지나치게 편중된 포트폴리오다. 미국 증시가 다양한 산업과 기업으로 구성된 것과 달리 한국 증시는 제조업 쏠림이 심해 글로벌 경기 변동이나 신산업 사이클에 더 취약하다. 특히, 삼성전자 한 기업의 비중이 지나치게 크다.

둘째, 외국인 수급에 대한 과도한 의존도다. 전체 시총의 3분의 1을 보유한 외국인 투자자들은 삼성전자에 대해 의구심을 품거나, 미국 대통령 취임 결과에 불안감을 가지면 매도를 선택한다. 이는 곧장 삼성전자와 코스피의 동반 하락으로 이어진다.

코스피 투자는 '삼성전자 베팅'?

지난 몇 년간 삼성전자와 코스피 지수의 등락을 보면 이러한 구조적 문제는 더욱 분명하게 드러난다.

2014년 이후 스마트폰 혁신으로 삼성전자 주가는 1만 원대 초반에서 4만 4,000원까지 상승했다. 2018년 이후 상승 흐름은 주춤했지만 2020년 코로나 팬데믹 이후 반도체 수요가 급증하면서 주가는 다시 상승세로 돌아섰고, 코스피 역시 이에 힘입어 2021년 최고점을 기록했다.

그러나 2022년부터 메모리 사이클이 둔화하고 AI 반도체 경쟁력에 대한 시장의 의구심이 커지면서 삼성전자 주가

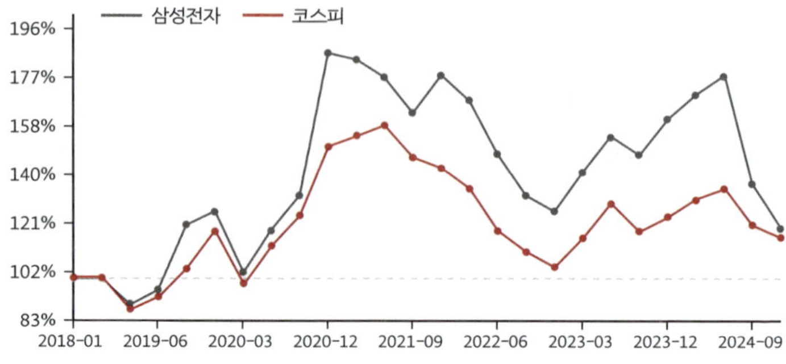

삼성전자 주가와 코스피 지수 추이 비교(2018~2024)

는 하락하기 시작했다. AI 시대의 대전환 속에서 삼성전자가 상대적으로 뒤처진다는 평가가 나오자 외국인들은 자금을 빼기 시작했다. HBM 경쟁에서의 열세, 트럼프 대통령이 칩스법**Chips Act**을 폐기할 것이라는 우려, 중국에 대한 관세 리스크까지 겹치며 삼성전자 주가는 5년래 최저 수준으로 떨어졌고, 코스피도 함께 추락했다.

이러한 흐름은 한국 투자자들이 코스피에 투자한다고 해도 실제로는 삼성전자 한 종목에 집중투자하는 것과 크게 다르지 않다는 사실을 보여준다. 반대로 미국 주식 투자는 자연스럽게 다양한 기술주들에 분산투자를 가능하게 한다. 이것이 진정한 분산투자를 원하는 투자자들이 한국 시장을 외면하는 이유이며, 미국 ETF가 압도적 인기를 얻는 배경이다. 포트폴리오 다양화 측면에서 미국 주식시장은 한국 시장을 크게 앞선다. 제조업에 편중되고 투자 가능한 종목이 제한적인 한국 주식시장의 특징은 분산투자가 어렵다는 객관적 한계와 별개로 코스피 투자 자체를 재미없고 지루하게 만드는 원인이기도 하다.

미국 주식시장에는 애플, 구글, 마이크로소프트, 엔비디아 같은 빅테크의 성장 서사와 새로운 산업 트렌드가 정신없이 쏟아진다. 하루는 일론 머스크가 전기차 가격 인하, 테슬라 로봇 공개, 화성 탐사 계획을 동시에 발표하고, 또 하루는 오픈AI의 샘 알트먼이 GPT-5를 공개하며 생성형 AI의 판을 흔든다. 며칠 지나지 않아 엔비디아가 사상 최대 분기 실적을 발표하고, 마이크로소프트는 새로운 AI 기능을 오피스 제품군에 탑재한다고 발표한다. 투자자들은 이런 뉴스를 따라가며 종목에 투자하는 과정 자체에서 시대의 최전선에 동참한다는 흥분과 새로운 것을 배운다는 만족감을 느낀다.

코스피에는 그런 '장기 성장 서사'가 부족해 보인다. 투자해봤자 큰 그림은 늘 비슷하다. 반도체, 자동차, 화학 같은 제조업 '대장주' 중심이고, 그 외에 눈에 띄는 성장 스토리는 드물다. 2차전지, 바이오 등 신성장 산업이 한때 주목받았지만, 꾸준히 시장을 끌고 갈 만한 메가 트렌드로 자리 잡지 못했다.

정치, 신기술, 정책 수혜주 등 단기 테마주들이 끊임없이 등장하며 단타 투자자들의 관심을 끌기는 한다. 그러나 이런 테마 투자는 어디까지나 단기 매매 차익을 노린 이벤트 성격이었고, 시장 트렌드를 이끌어갈 장기 서사로 성장하지 못했다. 이런 투자는 단기 매매를 유혹할 뿐, 장기 투자자들에게 미래 산업에 올라탄다는 확신이나 스토리텔링의 즐거움을 주지는 못한다. 이런 단기 테마주 상승이 코스피의 장기 상승으로 이어지는 것도 어렵다. 그렇기에 AI 분야나 신사업에 투자를 원하는 사람들이 자꾸 외부로 시선을 돌릴 수밖에 없다.

배당의 전통, 그리고 배당 귀족주

주식 투자에서 주가 상승률만큼 중요한 것이 바로 배당 수익률이다. 불확실성에 노출된 주가 상승률과 달리 배당 수익은 안정적인 현금흐름을 의미한다. 배당은 단순히 주주에게 현금을 지급하는 행위에 그치지 않는다. 꾸준한 배당은 기업의 장기적인 이익 창출 능력에 대한 신호이자, 기업이 주주를 존중하고 이익을 공유하려는 태도를 보여주는 주주환원 문화의

지표다. 그래서 장기 투자자들은 안정적이고 꾸준히 배당을
지급하는 기업에 더욱 신뢰를 갖는다.

미국 S&P500 기업들의 평균 배당 성향은 약 35~40%다.
가령 기업이 한 해 100억의 순이익을 올리면 그중 35~40억을
주주에게 배당으로 지급한다는 뜻이다. 또, 분기 배당이 일반
화되어 있으며 매년 배당금을 꾸준히 늘려온 이른바 '배당 귀
족주**Dividend Aristocrats**'의 전통이 미국 시장에는 강하게 자리
잡고 있다.

배당 귀족주는 S&P500 기업 중 최소 25년 연속으로 매
년 배당을 늘려온 회사를 가리킨다. 대표적으로 코카콜라, 존
슨앤드존슨, 프록터앤드갬블**P&G**, 3M, 맥도날드 등이 있다.
이러한 기업들은 단순히 배당을 지급하는 데서 그치지 않고
매년 조금씩이라도 배당을 올려주는 정책을 통해 장기 투자자
에게 안정적 보상을 약속해왔다. 예를 들어 코카콜라는 60년
넘게 배당을 끊임없이 인상해 불황 속에서도 안정적인 현금흐
름을 유지하는 회사라는 신뢰를 시장에 심어주었다.

따라서 배당 귀족주는 단순히 현금 배당을 지급하는 기업
을 넘어 재무 건전성과 주주환원 의지를 상징하는 존재다. 이
러한 전통은 미국 증시가 주주 친화적 시장이라는 이미지를
확립하는 데 중요한 역할을 했다.

배당 귀족주는 투자자들에게 다양한 선택지를 마련해준다. 배당 중심의 안정적 투자를 원하는 이들은 배당 귀족주에 투자할 수 있고, 성장 잠재력에 무게를 두는 투자자들은 빅테크 기업이나 혁신 기업에 투자하면 된다. 미국 증시는 이처럼 투자자의 성향과 수요에 맞춘 다양한 옵션을 제공한다.

이와 달리 코스피 상장기업의 평균 배당 성향은 20% 내외로 OECD 평균보다 낮다. 삼성전자 같은 일부 대기업이 평균치를 끌어올리기는 하지만, 전반적으로는 배당 성향이 낮은 편이다. 배당률 자체는 반드시 낮다고 할 수 없다. 대표적으로 삼성전자나 현대차는 주가 대비 연 2~3% 수준의 배당을 지급하는데, 이는 2025년 기준 S&P500 평균 배당률(약 1.2%)보다 높은 수치다.

배당이 높냐 낮냐보다 더 중요한 문제

배당률 자체는 때로 높아 보일 수 있지만, 문제는 변동성이다. 코스피 주식의 배당은 경기와 업황에 따라 크게 흔들린다. 미국 기업들이 꾸준히 배당을 증액해온 전통과 달리, 한국에서는 배당을 지속적으로 늘려온 기업을 찾기 어렵다. 2023년 한국 기업의 배당 성향은 40%였지만, 지난 10년 평균은 23.6%에 불과하다.

이러한 현상은 이익 변동성이 큰 제조·수출 업종이 시장을 지배하기 때문에 나타난다. 배당은 기업의 이득을 주주에게 환원하는 것이기 때문에 기업의 배당 성향은 실적 사이클을 그대로 따라가게 되어 있다.

예를 들어 삼성전자의 배당 성향은 메모리 반도체 사이클

구분	23년 말	10년 평균
한국	40.5	26.0
대만	57.6	55.0
중국	30.5	31.3
인도	64.7	38.2
신흥 평균	45.2	39.6
미국	37.1	42.4
일본	36.2	36.0
영국	42.5	42.2
선진 평균	129.4	49.5

주요국 배당 성향 비교(단위: %, 출처: 블룸버그, 삼일PwC 경영연구원)

과 밀접하게 연동된다. 사이클이 좋을 때는 이익이 늘어나 배당 성향(배당/이익)이 낮아지고, 반대로 실적이 나쁠 때는 이익이 줄어들면서 배당 성향이 높아지는 식이다. 예컨대 2023년 높은 코스피의 배당 성향은 삼성전자가 실적이 급감했음에도 배당금을 유지했기 때문에 생긴 결과였다. 결국 한국 기업의 배당 정책은 장기적 관점에서 일관성 있게 운영되기보다 연간 실적에 좌우되는 경우가 많다.

반면 미국의 기업 담당자들에게 "배당 결정에 가장 중요한 원인이 무엇인가?"라고 물어보면 대체로 같은 대답이 돌아온다. 바로 '배당 정책의 일관성'이다.

즉, 미국 기업은 이익이 일정하게 증가한 후에만 배당을 늘리고 일시적인 실적 변동에는 배당을 쉽게 손대지 않는다. 따라서 배당을 줄이는 것은 기업 상황이 심각하게 나빠졌다는 신호로 해석되어 시장에서는 큰 악재로 받아들여진다.

미국 기업들은 다른 선택지가 전혀 없는 극단적 상황에서만 배당을 줄이며, 이는 배당을 장기적으로 훨씬 안정적으로 유지하는 기반이 된다. 그래서 미국 주식의 배당은 장기적인 관점에서 훨씬 안정적으로 유지된다. 또한, 미국 주식은 분기별로 배당을 지급한다. 보통 연 1회 지급인 한국 주식의 배당과 비교해 현금흐름 측면에서도 유리하다.

한국의 배당	미국의 배당
실적 연동형: 메모리 사이클 등 업황에 따라 급변	**연속 증가 정책:** J&J 62년, P&G 68년 연속 증가
단기적 사고: 장기 배당 정책 대신 연간 실적 중심	**장기적 약속:** '매년 배당 증가' 정책 공개 선언
불규칙한 증가: 배당 증가에 대한 명확한 정책 부재	**불황에도 유지:** 2008년 금융위기에도 배당 증가
사내유보 선호: 배당보다 현금 축적 우선	**주주 우선 문화:** 주주환원을 기업 책임으로 인식
투자자 소통 부족: 배당 정책 투명성 낮음	**분기 지급:** 연 4회 지급
연 지급: 회계연도에 맞춰 연 1회 지급	

한국과 미국의 배당 성향 비교

불안정한 배당의
역사적 뿌리

한국 기업의 불안정한 배당을 단순히 '주주환원에 소홀하다'라는 말로 대신할 수는 없다. 그 배경에는 분명한 역사적·구조적 원인이 자리 잡고 있기 때문이다.

2000년대 이전 한국 기업들은 고도 성장기에 자금을 주로 부채로 조달했다. 외환위기 당시 대기업의 평균 부채비율은 400%를 넘었고, 수많은 기업이 도산했다. 이 위기를 겪으면서 기업들은 재무 구조 안정화를 최우선 과제로 삼았다. 이익이 발생해도 이를 배당으로 내보내기보다는 부채를 상환하고 현금을 축적하는 데 우선적으로 사용했다. 따라서 일정 시기까지 낮은 배당 성향은 선택이 아니라 생존을 위한 필수 조건이었다.

산업 구조의 변화도 배당 성향에 큰 영향을 주었다. 전통적으로 배당 성향이 높은 산업은 에너지, 유틸리티, 산업재, 소비재처럼 경기와 무관하게 꾸준한 수요가 있는 업종이다. 안정적인 매출과 이익이 발생하기 때문에 잉여 현금을 재투자하기보다는 배당이나 자사주 매입에 활용한다.

미국의 배당 귀족주들이 소비재(코카콜라, P&G, J&J), 산업재(3M, 캐터필러), 에너지(엑손모빌, 셰브론) 같은 업종에 집중된 것도 이 때문이다. 반대로 한국 증시는 고도성장을 거치며 IT·제조업·산업재처럼 이익 변동성이 큰 업종 비중이 늘어났다. 이로 인해 평균 배당 성향과 배당 수익률은 전반적으로 낮아지고, 제조업 업황에 따라 크게 흔들리는 구조가 자리 잡게 되었다.

주기적으로 찾아오는 글로벌 위기 역시 배당 불안정성을 강화했다. 2010년대 금융위기, 브렉시트, 그리고 코로나 팬데믹 등 위기가 터질 때마다 경기에 민감한 기업들은 현금을 보수적으로 쌓아두려 했다. 특히 IT처럼 집중적인 투자가 필요한 산업에서는 영업이익보다 투자 지출이 더 많은 경우도 적지 않다.

따라서 배당을 잠시 늘렸던 기업들도 상황이 나빠질 것 같으면 가장 먼저 배당부터 줄인다. 예컨대 SK하이닉스의 배당은 2018년 이후 매년 급등락을 반복했다. 2018년 주당 1,000원이던 배당은 2019년 720원으로 줄었다가 반도체 호황기였던 2021년에는 다시 1,000원을 넘었지만, 2022년에는 800원대로 떨어졌다.

반도체 업종은 글로벌 경기와 IT 사이클에 따라 실적 변동성이 워낙 크기 때문에, 호황기에는 배당 여력이 생기지만 불황기에는 현금흐름이 급격히 위축되면서 배당이 줄어든다. 이는 한국 증시에서 흔히 볼 수 있는 '경기 민감 업종이 불안정한 배당을 낳는' 전형적인 사례다.

여기에 기업 지배 구조 문제도 겹친다. 낮은 지분율로 다수의 계열사를 지배하는 재벌 대주주들은 현금을 사내에 유보하는 것을 선호한다. 경영권 유지를 위해서는 지분 희석을 피해야 하기 때문에 증자를 대비하거나 부채를 상환하기 위해 현금을 보유하려 하고, 그 결과 배당은 후순위로 밀린다. 일부 기업에서는 상장회사의 이익을 비상장사로 이전해 그곳에서 배당하는 방식까지 활용한다. 배당 정책이 주주 전체의 신뢰를 위한 장기 전략이 아니라 경영진 필요에 따라 가변적으로 운용되는 경우가 많다는 비판이 나오는 이유다.

이런 불안정한 배당은 투자 수익률을 갉아먹고 변동성을 높인다. 그리고 불규칙한 배당은 복리 효과를 약화시킨다. 배당금을 정기적으로 재투자하면 복리 효과가 누적되어 장기 수익을 높일 수 있지만, 배당 시점과 규모가 불안정하다 보니 재투자 효과를 100% 활용하기 어렵다. 또, 안정적인 현금흐름을 계획하기 어렵기 때문에 은퇴 자금이나 생활비 보조 수단으로 배당을 활용하기 힘들다. 매년 배당 규모가 달라진다면 장기적인 소득 설계의 기초로 삼을 수 없기 때문이다.

포트폴리오 리스크 관리 측면에서도 불안정한 배당은 문제가 된다. 많은 투자자들이 포트폴리오의 일정 부분을 안정적 배당주로 채워 변동성을 완화하지만, 배당이 들쭉날쭉하면 이 안정 장치가 작동하지 않아 전체 포트폴리오의 위험이 높아진다.

배당은 내부 정보를 알기 어려운 투자자들에게 기업의 장기 성과를 보여주는 신호 역할을 하기도 한다. 따라서 배당이 불안정하면 투자자들은 기업을 신뢰하기 어렵고, 이는 곧 주가 할인 요인으로 작용한다. 결국 불안정한 배당은 투자자 신

뢰의 상실로 이어지며 기업 가치를 저평가하는 구조적인 원인
이 된다.

보이지 않는 벽,
배당소득세율

한국 주식의 배당소득세율 역시 기업들이 고배당을 주저하는
중요한 이유 중 하나다. 배당소득세란 주주들이 지분 비율에
따라 받는 배당금에 부과되는 세금을 말한다.

나라별로 비교해보면 차이가 뚜렷하다. 미국의 배당소득
세율은 15%, 중국은 10%, 영국과 홍콩은 0%다. 반면 한국은
금융소득이 연간 2,000만 원 이하인 경우 15.4%의 세율을 적
용한다. 그러나 이를 초과하면 종합소득세 과세 대상이 되며,
누진세율(6.6~49.5%)이 적용되어 최대 40%대의 세율까지 올라
간다.

흥미로운 것은 한국은 배당소득에는 세금을 부과하면서
도 주식 양도소득에는 과세하지 않는다는 점이다. 이러한 세
제 구조는 역사적으로 기업과 투자자 모두에게 배당 확대를
꺼리게 만드는 요인으로 작용해왔다. 투자자는 세금을 내야

미국	배당소득의 15%로 분리과세
중국, 베트남	배당소득의 10%로 분리과세
영국, 홍콩	배당소득 과세 0%
한국	배당금 2,000만원 이하 시 배당소득 15.4% 과세 배당금 2,000만원 초과 시 종합소득세로 과세해 최대 49.5% 세율 적용

나라별 평균 배당 세율(출처: 삼일PwC 경영연구원)

하는 배당보다 세금이 면제되는 주가 상승분, 즉 양도소득을 선호하게 된다. 기업도 주주들이 배당을 선호하지 않기 때문에 굳이 배당을 줄 이유가 없다.

이처럼 높은 배당소득세율은 외국인 투자자들이 한국 시장을 기피하는 요인 중 하나로 꼽힌다. 외국인이 한국 주식에서 배당을 받을 경우 원천징수세율이 20%에 달한다. 이는 미국, 중국, 홍콩 등 주요 시장보다 훨씬 높은 수준이다. 세율이 낮거나 면제되는 시장과 비교할 때, 코스피는 외국인 투자자들에게도 상대적으로 매력이 떨어질 수밖에 없다.

자사주 매입,
또 다른 주주환원

기업은 배당 대신 자사주를 매입해 주주들에게 이익을 환원할 수 있다. 배당은 주주가 원하든 원하지 않든 모든 주주가 동일하게 현금을 받게 되고, 전액 과세 대상이 된다. 반면 자사주 매입은 주주가 주식을 팔지 않는 한 당장 과세되지 않고, 매각 시 발생하는 차익에 대해서만 세금을 낸다. 덕분에 투자자에게는 자사주 매입이 세제상 더 유리한 선택지가 될 수 있다.

미국에서는 자사주 매입이 배당과 함께 대표적인 주주환원 수단으로 자리 잡았다. 애플, IBM 같은 대기업들은 수십억 달러 규모의 자사주를 꾸준히 매입하며 유통 주식 수를 크게 줄여왔다. 최근에는 배당 규모를 넘어설 정도다. 자사주 매입은 단순히 잉여 현금을 소진하는 데 그치지 않고, 시장에 '경영진이 자사 주가가 저평가되어 있다고 판단한다'라는 신호를 준다.

동시에 주당순이익**EPS**을 높여 주주가치를 끌어올리는 효과도 있다. 대표적으로 워런 버핏이 이끄는 버크셔해서웨이는 배당을 하지 않는 대신 자사주 매입과 소각을 중심으로 한 주주환원 정책을 펼치는 것으로 유명하다.

최근 미국 증시에서는 빅테크 기업들이 자사주 매입을 선도하고 있다. 애플은 2025년 총 1,000억 달러(약 130조 원) 규모의 자사주 매입을 발표했고, 구글(알파벳) 역시 700억 달러(약 100조 원)의 자사주 매입 계획을 밝혔다. 골드만삭스는 2025년 미국 기업들의 자사주 매입 규모가 1조 750억 달러에 달해 사상 처음으로 '1조 달러의 벽'을 돌파할 것으로 전망했다.

자사주 매입이 주가 상승에 도움이 되는가? 당연히 그렇다. 역사적으로 자사주를 매입한 기업들의 주가는 S&P500 지

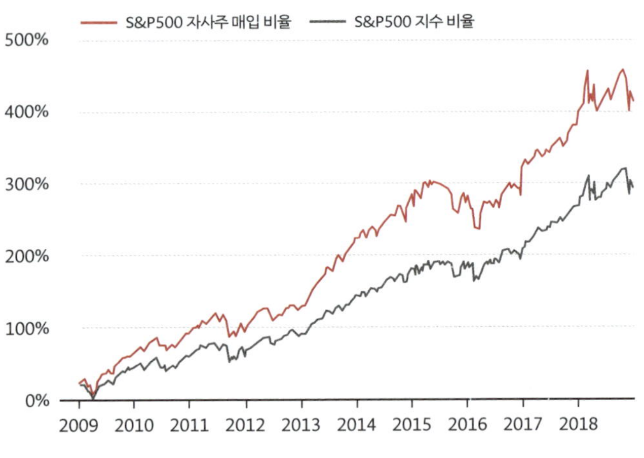

S&P500 기업 자사주 매입 수익률(2009~2019)
(출처: 비주얼 캐피털리스트)

수보다 더 빠르게 상승했다.

한국은 과거에 자사주 매입을 주가 조작 수단으로 의심해 엄격히 제한했으나, 1990년대 이후 점차 허용 범위를 확대했다. 현재는 배당가능이익 한도에서 기업이 자사주를 자유롭게 취득하고 소각할 수 있다.

그러나 여전히 한국 기업들의 자사주 매입 규모는 작다. 미국 증시에서는 시가총액 대비 자사주 매입 규모가 평균 약 1.5%에 이르고, 일본도 비슷한 수준을 보인다. 반면 코스피의 시가총액 대비 자사주 매입 비율은 매년 0.1~0.2% 수준으로 미국과 일본의 10분의 1에 그친다.

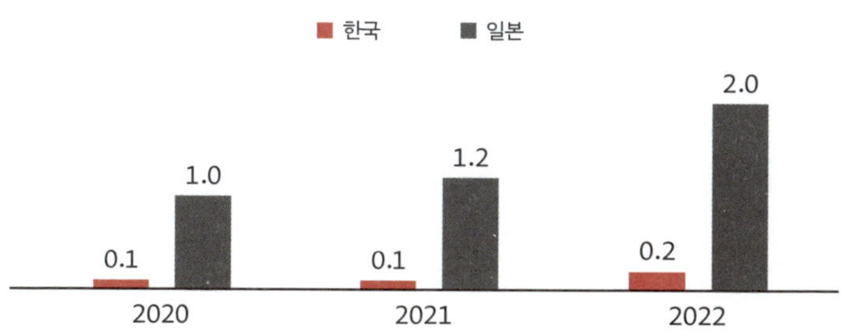

한국 일본 시가총액 대비 자사주 매입액 비율
(단위: %, 출처: 블룸버그, 삼일PwC 경영연구원)

자사주 매입이
한국에서 적은 이유

한국 기업들이 자사주 매입에 소극적인 이유는 여러 가지다. 코스피 상위 기업 대부분이 반도체·자동차·조선·철강 같은 경기 민감 업종에 속해 실적 변동성이 크다 보니, 미국처럼 꾸준하고 대규모로 자사주를 사들이는 정책을 지속하기 어렵다. 기업은 일반적으로 자사주 매입보다 설비 투자나 신사업 투자에 자금을 쓰는 것을 선호한다. 이는 배당 성향이 낮은 이유와도 같다. 불확실성에 대비해 현금을 보유하려는 경향이 강하기 때문이다.

또, 한국 기업들은 자사주를 매입하더라도 이를 소각하는 데는 소극적이다. 자사주를 단순히 매입만 하면 유통 주식 수가 줄지 않기 때문에 지분율 상승 효과가 없다. 지분율을 실질적으로 높이려면 매입한 주식을 반드시 소각해야 하는데 한국 세법상 자사주 소각을 배당으로 간주한다는 점이 문제다. 그 결과 주주에게 배당소득세가 부과되어 불필요한 세금 부담이 발생한다.

반면 미국에서는 자사주 매입과 소각 모두 과세 대상이 아니다. 따라서 미국 기업들은 세금 부담 없이 적극적으로 자사주를 매입하고 소각해 주주가치를 높일 수 있지만, 한국 기업들은 세제 제약 때문에 같은 전략을 취하기 어렵다.

왜 한국 기업들은 매입한 자사주를 소각하지 않을까? 기업에 자사주는 경영권 방어, 자금 확보 등 다양한 용도로 활용할 수 있는 카드다. 주주환원 효과를 알면서도 소각을 주저할 수밖에 없다. 한 재계 고위 관계자는 "자사주는 적대적 세력에 대항해 경영권을 방어하는 무기가 될 수 있고, 인수합병이나 임직원 성과 보상 시 현금 대용으로 쓸 수도 있다"라며 결국 소각보다는 보유를 택할 수밖에 없다고 설명한다.

자사주를 소각하면 자기자본이 줄어 부채비율이 높아진다는 점도 부담이 된다. 부채비율은 자기자본 대비 총부채의 비중을 의미하는데, 통상 200%를 넘으면 위험 신호로 본다. 따라서 부채비율이 높은 회사일수록 자사주 소각에 소극적일 수밖에 없다.

소극적인 자가주 소각은 숫자로 드러난다. 2025년 5월 언론 보도에 따르면, 국내 5대 그룹 소속 상장사 72곳이 최근 10년간 총 93차례 자사주를 매입했지만, 실제 소각으로 이어진 경우는 47차례에 불과했다. LG그룹은 단 한 건의 자사주 소각 사례도 없었다. 이에 대해 국민연금공단은 "소각을 전제로 하지 않는 자사주 매입은 진정한 주주가치 제고로 볼 수 없다”라고 지적했다.

국민연금공단의 지적은 옳다. 매입만 하고 소각하지 않은 자사주는 주주가치 제고가 아니라, 오히려 투자자들에게 부담을 주어 주가를 하락시킨다. 기업이 매입한 자사주는 언제든 다시 시장에 내놓을 수 있어 잠재적인 매도 압력이 되고, 이는 주가에 부정적 영향을 준다. 또한 소각하지 않으면 주식 수가 줄지 않기 때문에 주당 가치 상승 효과도 없다. 배당과 자사주 매입을 동시에 활용해 이중 주주환원 효과를 누려온 외국인 투자자 입장에서는 현금을 쌓아두고 자사주를 경영권 방어용으로만 쓰는 한국 기업들을 주주 친화적이지 않다고 평가하며 낮은 밸류에이션을 매긴다.

이 문제를 해결하기 위해 한국 정부는 '자사주 의무 소각화'를 법제화하려 하고 있다. 소극적인 자사주 매입·소각 관행이 한국 주식 저평가의 원인 가운데 하나라는 진단에서다. 2025년 9월 자사주 소각 의무화 법의 통과 가능성이 높아지자, 자사주 비율이 높은 기업들의 주가는 즉각 반응했다. 자사주 비율이 30%가 넘는 15개 기업의 주가가 급등하며 2025년 여름 코스피 지수 랠리를 견인하기도 했다.

시장 관계자들은 자사주 소각 의무화가 코리아 디스카운트 해소에 기여할 것이라고 확신한다. 특히 자사주 소각은 주식 수를 줄여 자기자본이익률**ROE**을 높이고, 주가수익비율**PER**을 낮추며, 주가순자산비율**PBR**을 상승시키는 효과가 있다.

"코스피 상장사들이 자사주를 전량 소각한다고 가정하면 PBR은 소각만으로 3.3% 상승할 것."
신한투자증권, 2025.7.

세계 주요국 밸류에이션 '꼴찌' 코스피

이런 여러 요인이 겹치면서 코스피는 다른 주요국 증시에 견주어 꼴찌 수준의 밸류에이션을 받고 있다. 수치로도 명확하게 드러난다.

코스피의 주가순자산비율은 1을 조금 넘는 수준이다. 이는 미국의 5, 일본의 2, 유럽 주요국의 1.5와 비교해 현저히 낮다. 2025년 코스피 랠리가 시작되기 전에 이 지표는 2024년 0.84까지 떨어졌다. 이는 자산이 100인 회사의 주식 가치가 84밖에 안 된다는 뜻이며, 주식시장에서 한국 기업이 장부가

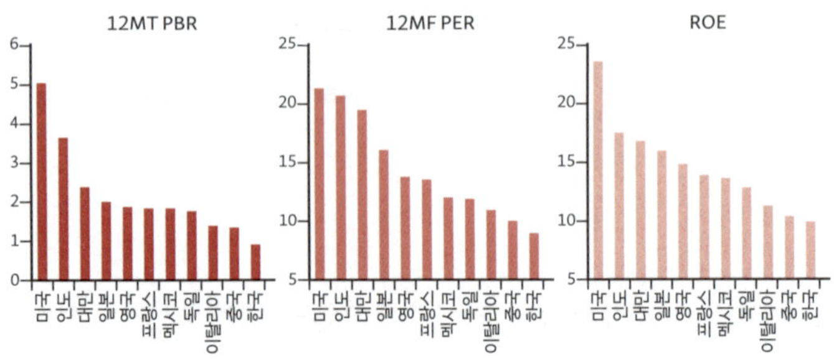

세계 주요국 대비 한국 주식시장 밸류에이션 및 ROE
(출처: 신한투자증권, 블룸버그, 2025.7.7.)

치조차 제대로 인정받지 못함을 보여준다.

코스피 상장사의 무려 70%가 장부가치보다 주가가 낮다(PBR 1 이하). 이는 대기업도 예외가 아니다. 포스코, 현대, 기아, LG, SK, 그리고 KB, 신한은행, 하나은행, 우리은행 등 대형 금융회사의 PBR도 1보다 낮다.

주가수익비율 또한 마찬가지다. 'PER 10'이라는 말은 '기업의 1년치 이익 × 10'이 현재 주가라는 의미다. 일반적으로 높은 PER은 성장성과 이익의 지속성, 그리고 이에 대한 시장의 프리미엄을 뜻한다. 한국은 7, 8배 수준으로, 미국(20 이상)이나 일본(15 안팎)과 비교하면 절반 이하 수준이다. 투자자들이 한국 기업의 이익에 대해 낙관적으로 평가하지 않고, 오히려 성장 지속성에 대해 저평가하고 있음을 의미한다.

POSCO홀딩스	0.68
현대차	0.45
기아	0.86
LG전자	0.9
SK이노베이션	0.62
현대건설	0.53
CJ	0.47
대한항공	0.92
KB금융	0.42
신한지주	0.39
하나금융지주	0.33
우리금융지주	0.32
삼성생명	0.56

PBR이 1보다 낮은 코스피 종목

자기자본이익율은 기업이 자기자본을 얼마나 효율적으로 운용해 이익을 창출하는지를 나타내는 지표다. 한국 기업의 ROE는 약 9~10%로, 미국(23%), 일본(12%), 대만·홍콩(15% 안팎)과 비교하면 크게 뒤처진다. 이는 곧 한국 기업들이 자본 효율성이 떨어지고, 글로벌 경쟁사에 비해 가치 창출 능력이 부족하다는 시장의 인식을 반영한다.

앞서 이야기한 기업 지배 구조, 낮은 배당과 저조한 자사주 매입, 약한 소액주주 보호 등 외신이 공통적으로 지적한 저평가의 원인이다.

"한국 주식 저평가는 기업 지배 구조 문제, 자본 배분 관행, 불투명한 재벌 구조에서 비롯."
손버그, 2024.

"지배주주에 유리한 체제 아래에서 배당과 자사주 소각이 저조한 것이 한국 주식 저평가 요인 중 하나."
매튜스 아시아, 2024.

"한국 증시 저평가는 기업 지배 구조 약화, 낮은 자본 효율성, 배당·자사주 소각 부족과 밀접하게 연결."
인베스코, 2024.

"한국은 소액주주 보호가 약하고, 지배주주의 이익 추구 행태가 심각함."
페더레이티드 헤르메스, 2023.

"지배주주가 비싼 상속세나 높은 배당소득세를 이유로 배
당을 기피하는 구조, 순환출자와 낮은 ROE가 한국 증시
매력 저하 요인."
〈로이터통신〉, 2025.12.

"복잡한 순환출자와 소수 지분으로 재벌이 그룹 지배, 소
액주주 권리 보호 장치 미비, 합병·분할·신주 발행 과정
에서 소액주주 이익이 침해되는 관행 모두 코리아 디스카
운트의 배경."
〈파이낸셜타임스〉, 2025.6.

한국과 대만,
닮은 듯 다른 두 시장

한국과 대만은 글로벌 투자자의 눈에 늘 비교 대상이다. 두 나
라 모두 수출 주도형 경제, IT 중심 산업 구조, 외국인 투자자
비중이 높다는 공통점을 갖고 있다. 글로벌 투자자들은 두 나
라의 주식을 함께 사는 경향이 있다. AI와 무역협정 기대감이
증시 랠리를 이끌었던 2025년 5~7월 동안에도 글로벌 투자

자들은 한국과 대만 주식을 총 200억 달러 이상 순매수했다. 두 나라 모두 글로벌 AI 투자 붐과 기술 수출국이라는 점이 매력으로 작용했다.

대만 증시는 역사적으로도 코스피와 비슷하다. 1960년대 설립 초반에 섬유·기초 산업 중심이었던 대만 증시는 1980년 이후 전자·반도체 중심의 구조로 급격히 전환된다. 1987년 TSMC 설립이 큰 계기가 된다. 코스피 시장은 대만 증시 설립으로부터 약 20년 뒤인 1983년 1월 공식 출범했고, 마찬가지로 초창기엔 섬유·화학·중공업 같은 전통 제조업 중심이었으나, 1980~1990년대에 걸쳐 자동차·철강·조선·전자 등으로 무게중심이 이동했다. 2000년대 이후 IT·반도체 산업이 성장하면서 삼성전자, SK하이닉스 등 반도체 기업이 코스피의 절대적 비중을 차지하게 된다.

외국인 수급에 민감한 구조도 유사하다. 대만 주식시장은 1990년대 외국인 투자자 등록 제도FINI/FIDI를 도입해 외국인 거래 비중을 30% 이상으로 끌어올렸다. 외국인 비중이 늘어나면서 한국과 마찬가지로 금융위기 때마다 외국인 매수, 매도에 따라 지수가 등락한다. 외국인이 팔고 나가면서 통화가치가 떨어지고, 외국인 매수세가 들어올 때 통화가치가 상승하는 주가와 환율의 상관관계도 유사하게 성립한다.

코스피에 삼성전자가 있다면, 대만 증시에는 TSMC가 있다. 1987년 설립된 TSMC가 대만 증시의 역사를 바꿨다 해도 과언이 아니다. TSMC의 반도체 파운드리(위탁 생산)라는 비즈니스 모델은 설계만 하는 팹리스**Fabless**와 제조를 분리하는 개념이다. TSMC는 세계 최초 순수 파운드리 회사로 설립해 애플, 엔비디아, AMD 같은 글로벌 반도체 기업의 필수 파트너로 성장했다. 대만 정부와 공업기술연구원**ITRI**이 초기 자금과 기술을 전폭 지원하면서 TSMC는 '국가 차원의 성공 프로젝트'가 되었다.

그 결과 2025년 현재 TSMC 혼자서 대만 증시 시가총액의 40% 이상, 반도체 섹터 전체는 80%를 차지하고 있다. 한국은 삼성전자가 압도적이긴 하지만 현대, LG, 카카오, 네이버 등 다른 업종 대형주들이 일정한 비중을 차지하는 반면, 대만은 TSMC 한 회사가 사실상 시장을 좌우할 정도로 쏠림이 심하다. 사실상 대만 증시는 'TSMC 지수'라고 부를 정도다.

이 극심한 쏠림 현상에도 외국인들은 여전히 대만 증시를 코스피보다 압도적으로 선호한다. 성장 기대, 수출 확대, 글로벌 기술 주도국이라는 점에서 한국과 대만은 유사하다. 그러나 대만은 지배 구조 투명성이 높고, 배당 성향이 확실하며, 무엇보다 TSMC가 AI 인프라 구축의 핵심 기업으로 부상하면서 외국인 매수세를 빨아들이고 있다.

숫자는 냉정하다. 2025년 7월 한 달 동안 외국인들이 한국 주식을 약 25억 달러 순매수했지만, 같은 기간 대만 주식은 그 3배가 넘는 78억 달러를 사들였다. 외국인의 대만 주식 매수세는 2008년 금융위기 이후 최고치를 기록했다.

주가 흐름은 더 극적이다. 2005년 1,000, 2007년 2,000, 2021년 3,000을 돌파한 코스피는 이후 주저앉아 2024년까지 2,000선 언저리에 머물렀다. 반면 대만 증시는 2019년 이후 매년 20% 이상 상승(2022년 조정기 제외)했다. 2022년 같은 글로벌 조정기에도 대만의 하락 폭은 코스피보다 작았다.

연도	한국 코스피 연간 상승률	대만 TAIPEX 연간 상승률
2019	+7.7%	+23.3%
2020	+30.8%	+22.8%
2021	+3.6%	+23.7%
2022	-24.9%	-22.4%
2023	+18.7%	+26.8%
2024	-9.6%	+28.5%

한국과 대만의 주가 지수 연간 상승률

주가 상승률 격차는 밸류에이션의 차이로 이어졌다. 한국의 주가 수익 비율이 10 이하나 10 초반대를 넘지 못할 때 대만의 그것은 20을 가볍게 넘는다. 한국 기업은 자산가치보다도 가치를 인정받지 못하지만, 대만의 PBR은 2에 가까워 일본, 영국 등 주요국 증시보다 오히려 높다. 대표 기업을 보면 차이는 더욱 선명하다. 삼성전자의 주가순자산비율은 1.24에 불과하지만 TSMC은 4.9다.

구분	한국 코스피	대만 TAIPEX
주가수익비율	13.8	21.2
주가순자산비율	0.9	2.0 (2024년 11월 수치)
대표 주식 PBR	1.24 (삼성전자)	4.9 (TSMC)
대표 주식 PER	15.7 (삼성전자)	26.0 (TSMC)

한국과 대만의 주요 밸류에이션 지표(2025.8.)

더 이상 북한이 문제가 아니다

한때 코리아 디스카운트의 핵심 원인으로 북한 리스크가 지목

되던 시기가 있었다. 1994년 북한의 NPT 탈퇴 선언으로 시작된 1차 북핵 위기, 2003년 북한의 NPT 재탈퇴와 6자회담 등 핵 문제가 본격화되면서, 투자자들은 북한의 도발과 안보 불안을 코스피 투자의 핵심 리스크로 인식했다. "언제 전쟁이 일어날지 모르는 분단국가의 주식을 왜 사야 하나?"라고 말이다.

그러나 최근에는 이 주장이 크게 약해진 모습이다. 일부 시장 전문가들은 대만보다 낮은 한국 증시 밸류에이션의 원인이 더 이상 북한, 즉 지정학적 요인이 아니라는 증거라고 본다. 이들은 대만의 지정학적 위험이 커지고 있음에도 불구하고, 한국과 대만의 밸류에이션 격차는 오히려 더 벌어지고 있다고 지적한다.

"한국이 대만보다 더 크고 임박한 위협에 직면하고 있는가? 그렇지 않다. 그런데도 한국 주식시장은 대만보다 더 저평가되어 있다."

실제로 한국은 지난 수십 년간 경제성장을 이뤄 현재 GDP가 북한의 약 50배에 달한다. 이 경제력 차이는 군사력 차이로 이어지고 있으며, 한국군의 전력은 북한을 능가한다. 북한이 쉽게 전쟁을 일으킬 수 없다는 점에서 투자자들이 더

이상 북한 리스크를 과도하게 반영할 필요가 없다는 주장이
힘을 얻고 있다.

대만의 상황은 정반대다. 중국의 GDP는 대만의 25~30배
에 달하고, 매년 국방비를 대폭 늘리고 있다. 2025년에도 중
국의 국방예산은 7% 이상 증액되었는데, 이는 경제성장률 목
표치(5%)를 웃도는 수준이다. 중국은 새로운 항공모함, 스텔스
전투기, 미사일을 도입하며 군을 현대화하고, 거의 매일 대만
인근 영공에서 군사작전을 전개하고 있다.

중국은 라이칭더 대만 총통 취임 직후부터 대규모 군사훈
련을 시작했다. 2024년 10월, 라이 총통의 국경절 연설 직후
에는 대만 봉쇄를 시뮬레이션하는 1일 대규모 군사훈련을 실
시했다. 2025년 4월에는 미 국방장관 피트 헤그세스의 아시아
방문 직후 육·해·공군과 로켓군을 동원한 합동훈련을 진행했
고, 이 과정에서 처음으로 중국 해경이 대만 주변 선박을 차단
및 억류하는 훈련까지 감행해 대만의 반발을 불러일으켰다.

대만은 이에 맞서 2025년 대만 방어훈련을 역대 최장인
14일 동안 실시했으며, 중국의 2027년 침공 가능성을 가정한
최악의 시나리오에 대비하고 있다고 밝혔다. 대만에 대한 중국
의 군사적 위협은 2024, 2025년에 들어 훨씬 더 구체적이고,
일상적이며, 실전에 가까운 양상으로 전개되고 있다. 대만 시

장에 투자하는 글로벌 투자자들은 중국이라는 초대형 경제·군사 대국의 무력 통일 시도 가능성까지 의식해야 하는 처지다.

그럼에도 외국인 자금은 대만 증시로 몰려들었다. 지정학적 위기가 커졌던 시기에도 외국인 매수세는 끊기지 않았고, 오히려 2025년 들어 최고 수준을 기록했다. 반대로 한국 증시는 상대적으로 안전한 지정학 환경에도 여전히 낮은 밸류에이션에 머물고 있다.

이 극적인 대비는 한국 저평가의 원인이 지정학적 위험이 아님을 보여준다. 낮은 배당 성향, 불투명한 지배 구조, 소액 주주 권한 부족 같은 구조적 문제, 그리고 TSMC라는 세계적 기업이 만들어내는 기술적 서사와 글로벌 위상이 외국인 투자자의 평가를 갈라놓고 있는 것이다.

이재명 정부의 '코스피 5,000' 공약

"지금 코스피 지수가 2,500~2,600선에 겨우 턱걸이하고 있는데, 민주당이 집권하면 특별한 변화 없이도 코스피 지수가 3,000대를 찍을 겁니다."

대통령 당선 이전이던 2025년 2월, 이재명 당 대표가 민주당 최고위원회에서 한 말이다. 윤석열 전 대통령의 갑작스러운 계엄령 선포와 국회 탄핵, 헌법재판소의 심리 개시 등으로 대한민국의 정치적 불확실성이 극에 달해 있던 시기였다. 환율은 급등하고 주가는 급락했으며, 증권시장은 물론 국내 경제 전반이 부정적 전망으로 가득했다.

이런 혼란 속에서 나온 그의 '코스피 3,000' 예언은 놀랍게도 현실이 됐다. 6월 4일 이재명 정부가 출범하자마자 주가는 급등세를 타기 시작해, 11일에는 3년 반 만에 2,900선을 돌파했고 20일에는 드디어 3,000을 돌파했다. 정치적 불확실성 해소와 함께 이재명 후보가 대선 기간 내내 강조했던 '주식시장 활성화' 공약 덕분이었다.

이재명 대통령은 그동안 상법 개정, 금융투자소득세(금투세) 폐지, 주주 이익 보호, 자본시장 선진화 등을 일관되게 주장해왔다. 상법 개정안의 주요 내용 중 하나는 소액주주 권한 강화다. 주주들에 대한 수탁 의무를 명문화하고, 감사위원회 선출 방식 개선과 전자투표 확대 등으로 소액주주 권한을 강화하겠다는 계획이다.

이재명 정부는 그동안 소극적인 배당의 원인 중 하나로 지적되었던 배당소득에 대한 과세 개편도 추진 중이다. 배당소득세 부담 완화를 통해 기업이 배당을 늘리도록 유도하고, 외국인 투자자들에게 코스피 시장의 매력을 높이겠다는 방침이다. 또, MSCI 선진국 지수 편입을 임기 중 목표로 잡아 외국인 투자 유입과 시장 안정성을 높일 계획임을 밝혔다.

기업의 합병 가격을 제한하던 자본시장법도 바꾸겠다고 나섰다. 기존에는 상장회사가 다른 회사와 합병할 때 기준 시가를 기준으로 일정 범위 내에서만 가격을 조정하도록 되어 있었다. 이 규제가 기업간 자율적인 협상과 구조조정을 저해한다는 지적을 받아들여 기업이 주식 시가 이외의 다양한 방법으로 합병 비율을 정할 수 있게 하는 것이다.

자사주 소각을 의무화하는 내용도 논의 중이다. 그동안 기업이 매입한 자사주를 소각하지 않고 경영권 방어 수단으로 사용하면서 소액주주에게 불리하게 활용하던 구조를 바꾸기 위한 조치다. 기업이 자사주를 취득한 경우 6개월에서 1년 이내에 반드시 소각하도록 법적으로 강제하고, 자사주 보유 수준에 따라 공시 의무도 확대된다.

'대주주 10억 기준'
논란의 드라마

새 정부의 주식시장 활성화 계획에 잡음이 없진 않았다. 이재명 정부는 대주주 양도소득세 과세 기준을 종목당 10억 원 이상으로 설정하겠다고 밝혀 시장을 발칵 뒤집어놓았다.

원래 투자자들은 주식 종목당 보유액이 10억(2020~2023년 기준)만 넘어도 '대주주'로 분류되어 양도세를 냈다. 그러다 윤석열 대통령 취임 후 2024년부터 50억으로 완화되었는데, 이재명 정부가 이를 다시 10억으로 되돌리겠다고 선언한 것이다. 투자자들은 강력히 반발했다.

"강남 아파트 한 채 값이 몇십억인데, 주식 10억 들고 있다고 대주주라니 말이 되냐?"

개편안 발표 다음 날에 코스피는 4% 가까이 폭락했다. 분노한 개인 투자자들은 발표 사흘 만에 10만 개가 넘는 국민청원을 접수했다. 한 청원인은 "양도세는 대주주가 회피하기 위해 연말에 팔면 그만인 회피 가능한 법안"이라며 "그만큼 세금 회피용 물량이 나오게 되면 (주가가) 하락할 수밖에 없다"라고 지적했다. 이어 "가만히 놔두면 오르는 미장과 그렇지 않은 국장이 세금을 똑같이 낸다면 어느 바보가 국장을 하겠느냐"라고도 꼬집었다. 그러면서 "연말마다 회피 물량이 쏟아지면 코스피는 미국처럼 우상향할 수 없다. 다시 예전처럼 박스피, 테마만 남는 시장으로 전락할 것"이라고 주장했다.

결국 여론 반발이 거세지고, 국민청원에 수만 명이 몰리면서 10억 기준 재도입 시도는 무산되었다.

3장

글로벌 머니의 종착점, 코스피

한국 시장을 둘러싼 회의론은 끝이 없다. '박스피 피로'라는 말이 상징하듯, 지수에 대한 무관심, 정치 불신과 대외 리스크 피로가 투자자 심리에 깊게 각인돼 있다. 하지만 역사는 늘 비관 속에서 새로운 고점을 만들어왔다.

가깝고도 먼 나라, 일본의 사례가 그렇다. 니케이 지수의 역사는 불신과 체념 속에 빠졌던 시장이 어떻게 새로운 국면을 맞이했는지 극적으로 보여준다.

1989년 버블과 장기 불신의 출발점

1989년 12월 29일 일본 니케이 지수는 38,915포인트라는 전무후무한 버블 고점을 기록했다. 당시 일본은 '세계 1위 금융 대국'을 꿈꿨고, 도쿄 땅값으로 미국 전체를 살 수 있다는 말까지 돌던 시기였다. 이 정점이 30년 장기 불신의 출발점이 될 것이라고는 아무도 생각하지 못했다.

1990년 버블이 붕괴하며 지수는 2년 만에 3분의 1토막이 났다. 은행 부실, 금융 시스템 위기, 부동산 폭락이 겹치며 니케이 지수는 1만 5,000선까지 급락했고, 이후 1990년대 내

버블 당시 니케이 지수 변화

내 1만 5,000에서 2만 사이 박스권을 헤맸다.

2000년대 들어서도 니케이 지수는 반등에 실패했다. IT 붐을 타고 2만 돌파를 시도하던 시기도 있었다. 당시 일본을 대표했던 기업인 야후 재팬의 주식이 일본 역사상 최초로 주당 1억 엔을 돌파하며 IT 산업에 대한 기대감과 비트밸리**Bit Valley**라 불리던 일본판 실리콘밸리의 투자 열기를 반영했다.

그러나 비트밸리 랠리의 대표 주자로 꼽히던 라이브도어**Livedoor**의 회계 부정 스캔들, 주가 급락과 상장 폐지는 니케이 지수 급락으로 이어졌다. 과도한 서사, M&A에 기대어 상승한 비슷한 IT 기업들의 주가가 폭락하면서 니케이 지수는 반등에 실패한다. 버블이 꺼지면서 2003년 7,600까지 추락하기도 했다.

2000년 중반 글로벌 호황기에 니케이 지수는 다시 1만 8,000선에 도전하지만, 이번에는 글로벌 금융위기가 발목을 잡았다. 리먼 브라더스 파산과 함께 미국 증시가 폭락하면서 니케이 지수도 다시 7,000대로 주저앉고 만다. 1980년대 돌파했던 1만 선에서 수년간 횡보하던 니케이 지수는 2012년 아베 신조 총리의 집권과 함께 다시 분위기 반전을 꾀했다.

아베노믹스와 3개의 화살

'3개의 화살'로 불리던 일본 아베 정부의 니케이 지수 부양 정책의 세 가지 축은 다음과 같았다.

첫째, 대규모 금융완화.
둘째, 확장적 재정 정책.
셋째, 기업 지배 구조 개혁.

2013년 출범한 일본중앙은행의 구로다 하루히코 총재는 양적·질적 금융완화 정책을 시작했다. 일본은행은 1999년에 이미 세계 최초로 '제로 금리' 정책을 도입했지만, 경기 부양 효과는 제한적이었다. 0% 금리 때문에 물가가 불안정해져 금리를 인상하면 주가가 재하락하는 '제로 금리 → 금리 인상 → 재하락' 사이클이 반복됐다.

구로다 총재의 양적·질적 금융완화 정책은 제로 금리에서 한 발 나아가 일본 정부가 직접 금융자산을 매입하는 '제로 금리 + 대규모 자산 매입'이 핵심이었다. 정책 금리를 0%에 고정함과 동시에 중앙은행이 대규모로 국채를 매입해 장기 금리까지 인위적으로 낮추는 계획이었다.

일본중앙은행은 여기서 더 나아가, 직접 니케이 주식을 매수하겠다는 계획도 발표했다. 이렇게 일본중앙은행이 니케이 시장의 상장지수펀드를 직접 사들이는 유례없는 정책이 시행됐다. 일본중앙은행의 매입은 2013년 이후 급격히 확대되어 2020년에는 니케이 시가총액의 약 7%를 보유하기에 이른다. 니케이 시장의 최대 기관 투자자가 국책은행이 된 것이다. 이는 현재까지도 세계 유일한 중앙은행의 주식시장 개입 사례로 기록되고 있다. 최근 매입 속도가 다소 줄기는 했지만 여전히 일본중앙은행은 니케이 시장의 Top 10 주주 자리를 유지하고 있다. 중앙은행의 직접 매입이라는 안전장치가 니케이 상승에 도움이 되었음은 물론이다.

주식 직접 매입과 함께 아베 정부는 재정 지출도 확대했다. 경기 부양을 위해 공공 지출을 확대하고, 세금을 낮추고, 보조금 지급을 늘렸다. GDP 대비 2% 이상의 대규모 지출로 재정 건전성이 악화하자 아베 정부는 2014년 소비세를 5%에서 8%로 인상한 적이 있었다. 소비세 지출로 경기 위축이 감지되자 일본 정부는 곧바로 5조 엔 규모의 보완예산을 편성했다. 이후 2019년 소비세를 재차 인상했을 때도 내수 진작과 충격 완화를 위한 경기 부양책을 다시 시행했다.

당시 일본 가계의 주식 투자 비중은 낮았지만, 정부가 경기 침체를 내버려두지 않는다는 신호는 외국인 투자자들의 신뢰를 얻었다. 여기에 정부의 인프라 건설 지출에 수혜를 입은 건설·소재주가 주식시장에서 안정적 버팀목 역할을 하며 시장 상승에 기여했다.

아베노믹스의 세 번째 화살은 기업 지배 구조 개혁이었다. 주식시장 가치를 올리는 밸류업 정책의 원조라 불리는 아베 정부의 구조 개혁 목표는 주주가치 제고와 주가 상승이었다. 기관 투자자는 손님이 아니라 집사**Steward**로서 주주의 이익을 적극적으로 지켜야 한다는 스튜어드십 코드**Stewardship Code**를 도입했는데, 대규모 자금을 투자한 기관이 돈만 맡기는 수동적 투자자에서 기업을 제대로 감시하고 책임을 져야 함을 명확히 했다.

2014년 도입된 일본 스튜어드십 기준에 따르면 기관 투자자는 기업과 지속적 소통을 해야 하며, 의결권 행사를 적극적으로 하고 그 내역을 투명하게 공시해야 한다. 또한 기관 투자자들의 투자 결정이 단기 차익이 아니라 장기적 기업 가치와 연결되도록 해야 한다. 2015년 추가로 도입된 기업 지배 구조 코드에서는 상장사의 경우 사외 이사를 최소 2명 선임하도록 권고하고 지배 구조와 자본 집행에 대해 공시하도록 하는 의무가 더욱 강화되었다.

스튜어드십 도입과 사외 이사 선임을 통한 외부 시선 투입은 일본 기업의 지배 구조 개혁을 위한 조치였다. 일본 기업에는 대형 은행·보험·제조사가 서로 지분을 갖는 상호지분 구조와 '메인뱅크' 관행이 결합해, 외부 주주의 압력이나 적대적 M&A가 잘 작동하지 않는 폐쇄적 지배 구조가 존재했다. 이른바 '안정주주stable shareholders'라 불리는 이들은 1990년대 시총의 45%를 보유할 정도로 규모가 컸다.

이런 상황에서 기관 투자자들에게 기업 결정에 관여하게 하고, 의결권 공시를 요구하고, 정보 공시와 이사회 책임을 강화함으로써 내부 인맥으로 경영 결정이 이뤄지던 관행을 철폐

해 시장 전반의 지배 구조 개선을 압박하겠다는 것이 아베노믹스의 목표였다.

아베노믹스의 공격적이고 야심 찬 정책으로 2012~2015년 동안 니케이 지수는 2배 가까이 상승한다. 집권 초기 1만 수준이었던 지수는 중앙은행의 양적 완화 정책에 엔저 효과로 외국인 자금이 몰리면서 2015년 봄에는 15년 만에 2만 선 돌파에 성공했다. 그러나 상승세는 오래가지 못했다. 중국의 경기 둔화 우려와 증시 폭락 같은 글로벌 악재와 일본 내수 침체, 구조 개혁 지연 등으로 니케이 지수는 다시 박스권으로 복귀하고 만다.

2017년 총선에서 아베 총리가 이끄는 자민당이 압승, 개헌 발의선까지 확보하면서 아베노믹스의 추진력이 확보되었다. 정치적 불확실성과 함께 엔저 효과로 일본 수출 기업들의 실적 호조가 이어지며 니케이 지수는 2018년 2만 3,000선으로 레벨을 높였다. 기업 구조 개혁이 수년간 이어지면서 일본 기업의 투자 지표(자기자본이익률 등)도 개선되어 외국인들의 투자 관심도 같이 높아지던 시기였다.

그럼에도 일본 가계의 주식 보유 비중은 여전히 금융자산의 10% 수준에 머물렀다. 미국은 금융자산의 절반 가까운 49%가 주식이었고, 부동산 비중이 높다고 지적받는 한국조차도 주식 비중이 약 18%(2020년 기준) 수준이다.

이처럼 낮은 주식 비중은 일본 투자자들의 뿌리 깊은 불신을 드러내는 상징이었다. 반등할 듯하다가 매번 꺾이는 니케이 지수는 '잃어버린 30년'의 상징이자 '돌아오지 않는 시장'으로 인식되었고, 버블 시대의 고점인 4만 선을 다시는 넘지 못하리라는 믿음이 하나의 정설처럼 굳어 있었다.

팬데믹 이후, 3만의 유리천장

그러던 니케이 지수가 3만을 넘은 것은 2020년 코로나 팬데믹 직후였다. 글로벌 주식시장 폭락과 함께 니케이 지수는 1만 6,000까지 떨어졌지만, 세계적인 유동성 공급 흐름을 타고 다시 3만 선에 도전했다. 그러나 그 이후는 또 지루한 반복이었다.

2021~2023년 내내 니케이 지수는 2만 5,000에서 3만 사이를 오르락내리락했을 뿐이었다. 이 시기 니케이 지수의 흐름은 미국, 유럽 등 다른 선진국 시장과 사뭇 달랐다. 2021년 유동성 파도를 타고 신고점을 경신한 미국 주식시장

은 2022년 금리 인상, 인플레이션 여파로 연간 20% 하락했다
가, 2023년부터 AI 열풍을 타고 다시 강세장에 돌입했다. 유
럽 시장도 비슷한 흐름을 탔다.

　　같은 기간 일본 증시는 3만 선에 막혀 글로벌 증시와 동
조하지 못했다. 머리 위에 유리천장이 있는 듯 뛰어오르면 부
딪혀 내려오기를 반복했다. 그러던 니케이 지수는 아무도 예
상하지 못했던 2024년 급등세를 타며 4만을 돌파했다. 세계
가 달릴 때 멈춰 있던 일본 시장이 갑자기 30년의 벽을 뚫어버
린 것이다.

30년의 벽을 깨다, 공개 압박이 만든 변화

코스피 시장과 마찬가지로 일본 주식시장에도 장부 가치보다
못한 가격에 거래되는 기업(PBR 1 이하) 비율이 거의 절반에 달
했다. 이를 해결하기 위해 도쿄증권거래소는 2023년 3월 '자
본 비용, 주가 의식 경영' 가이드라인을 발표한다. PBR 1 미만
의 기업들에 이 문제를 어떻게 해결할 것인지 공시하도록 요
구했다. 즉, 주가가 낮은 회사들은 어떻게 자사 주식을 올릴

것이지 계획서를 제출하고, 그 결과를 거래소가 점검하겠다는 이야기였다.

도쿄증권거래소는 실제로 개선책을 제출한 기업의 명단을 거래소 웹사이트에 공개했다. 이 리스트는 매월 업데이트되며, 거래소는 직접 기업의 자사주 매입, 배당 확대, 시장 소통 개선 등 조치 여부를 추적해 개선에 실패한 기업의 이름을 공개하겠다 밝혔다. 이는 단순한 개선 권고가 아닌 공개적인 압박이었다.

〈파이낸셜타임스〉는 도쿄증권거래소의 PBR 개선책을 '네임앤셰임 name&shame'이라 부르며 거래소가 주도해 기업의 변화를 강제했다는 점에 놀라워했다.

"일본주식시장이 PBR을 1로 높이기 위한 액션플랜을 기업에 요구하기 시작했다."
"도쿄증권거래소가 기업평가를 높이기 위해 급진적인 이름 공개를 도입했다."
"이름 공개 조치를 통해 공식적으로 응답하지 않은 기업들에 주주들의 압박이 강해질 것."
미국 언론 보도, 2023.10.

개선책의 효과는 금방 확인되었다. 시행 1년 만에 상장사의 70%가 계획안을 홈페이지에 공시했다. 일본 기업들의 자사주 매입도 크게 늘었다. 도요타, 소니, 미쓰비시 등 일본 대기업들이 대규모 자사주 매입을 발표하면서 일본 기업들의 자사주 매입은 2024년 사상 최고치인 약 18조 엔을 기록했다.

자사주 매입은 기업이 가장 쉽고 빠르게 자본 효율성 지표를 개선하는 방법이었다. 자사주 매입으로 자기주식이 줄면 이익이 같아도 ROE 비율이 개선되고, 이는 투자자 매수로 이어져 주식 상승을 이끌게 된다. 자사주 매입은 이사회 승인만으로 즉시 집행이 가능해 절차도 복잡하지 않았고, 한번 올리면 내리기 어려운 배당과 달리 일회성으로 실행할 수 있어 부담이 적었다.

특히 당시 엔저로 해외 매출이 높은 기업들은 현금을 많이 쌓아둘 수 있는 환경이었다. 수출 비중이 높은 대기업들이 자사주 매입에 적극적으로 나섰다. 투자자들은 이를 지배 구조 개선 의지로 받아들였다.

일본 기업들의 구조조정과 사업 재편도 계속되었다. 많은 기업이 과거의 문어발식 확장을 정리하고 수익성이 낮은 사업을 매각했다. 미쓰비시그룹 계열사들이 부동산·비주력 자산을 처분하고 본업에 집중하기로 한 것이 그 예다. 복잡한 상호지분 보유 전통도 축소해 자본 구조를 단순화하면서 2010년 30% 이상이었던 상호지분율이 2020년대에는 한 자릿수로 떨어졌다.

자사주 매입과 지배 구조 개선은 니케이 4만 돌파의 가장 중요한 원동력이었다. 과거 일본 기업은 현금을 쌓아두는 것으로 안정성을 과시했으나 지금은 그 자금을 자사주 매입·배당·핵심 투자로 돌리며 시장 신뢰 회복에 성공한 것이다.

"PBR 개선책이 효과를 봤던 이유는 단순함 때문입니다. PBR 1이라는 알기 쉬운 목표를 제시했거든요. 이 목표를 처음 꺼냈을 때 상장기업 대표 중 'PBR이 뭐냐?'라고 반문한 사람도 있었을 만큼 일본 기업의 주식시장 이해도는 낮았습니다. 하지만 언론에서 'PBR 1이 안 되는 회사는 실격'이라는 보도를 이어갔고, 경영자들도 이를 명확히 인지하기 시작했죠."

이와나가 모리유키 도쿄증권거래소 대표 인터뷰, 2024.3.31.

외국인 투자자들은 즉시 화답했다. 주주환원 확대와 실질적인 정책 변화가 알려지자 외국인들은 일본 기업 주식 매수에 나섰다. 2020년 초 처음 일본 5대 상사(미쓰비시상사, 미쓰

이물산, 스미토모상사, 이토추상사, 마루베니) 지분을 5% 이상 확보했다고 공개한 버크셔헤서웨이는 2023년 4월에는 해당 기업들의 지분율을 7.4% 수준으로 확대했다.

바로 다음 달인 2023년 5월 외국인들의 일본 주식 순매수는 2.4조 엔으로 역대 최고치를 기록했다.

저축에서 투자로

일본 개인 투자금 역시 니케이 랠리를 이끈 무시할 수 없는 세력이었다. 특히 2024년 1월 개편된 ISA(개인종합자산관리계좌) 세금 개편으로 가계 자산이 대규모로 예금에서 주식으로 이동하기 시작했다. ISA는 개인이 다양한 금융 상품을 한 계좌에서 통합해 운용할 수 있는 제도다. 가장 큰 특징은 세제 혜택이 있다는 점인데, 일반 계좌보다 이자·배당·매매 차익에 붙는 세금이 적거나 일정 금액까지 비과세가 가능했다.

일본 정부가 ISA를 만든 것은 일본 국민이 저축만 하지 말고 다양한 금융투자에 참여하도록 유도하기 위해서였다. 특히 은행 예금 위주였던 가계 자산을 투자 시장으로 이동시키려는 정책적 의도가 담긴 '저축에서 투자로'라는 슬로건의 일부였다.

2024년 일본 정부는 이전 연간 120만 엔 한도, 5년 비과세였던 ISA 세제 혜택을 연간 360만 엔, 생애 한도 1,800만 엔으로 대폭 확대했다. 비과세 기간이 무제한이 되면서 주식을 매도하기 전까지는 사실상 세금이 없어졌다. 매도한 후에는 한도가 리셋되도록 설정해 주식 투자를 반복할 수 있도록 했다. 가계 입장에서는 대규모 장기 주식 투자가 훨씬 매력적으로 바뀐 것이다.

제도 시행 직후 반응은 폭발적이었다. 2024년 상반기 동안 ISA 계좌 수는 2,400만 개를 돌파했다. 이를 통한 주식·펀드 매수 규모는 18조 엔에 달해 전년 대비 3배나 급증했다. 예금에 묶여 있던 자금이 빠르게 일본 주식형 펀드로 흘러 들어간 것이다. 그 결과, 그동안 일본 증시를 주도해온 외국인 투자자와 더불어 세제 혜택을 등에 업은 국내 개인 투자자까지 시장의 중요한 축으로 자리 잡게 되었다.

이와 함께 일본 가계의 주식 비중도 눈에 띄게 늘기 시작했다. 2023년 17%였던 비중은 2024년 22.4%까지 상승했다. 물론 미국이나 유럽에 비하면 여전히 낮은 수준이지만, 최근 2년간 이어진 상승세는 의미가 크다. 특히 가계 자산의 일본 주식 투자 확대는 단순한 숫자 이상의 의미를 가진다. 이는 일본 증시가 외국인 자금에만 의존하지 않고 내수 기반을 강화하고 있다는 증거이기 때문이다. 시장의 내수가 탄탄해지면 글로벌 경기 침체가 닥쳐도 주가를 방어할 수 있는 힘이 생기며, 장기 상승 국면에서 든든한 버팀목이 된다.

삼박자 완성, 주주환원·실적·거시경제

앞서 적정 주가 수준(PBR 기준)에 가장 큰 영향을 미치는 요인으로 주주환원, 기업 실적, 거시경제를 꼽았다. 도쿄증권거래소의 PBR 개선책과 자사주 매입이 첫 번째 축인 주주환원을 강화하고 외국인 매수세를 촉발했다면 2023년 글로벌 AI 투자 붐과 엔저 효과는 일본 기업들의 실적을 크게 향상한 요인이었다.

2023년 오픈AI 공개 이후 AI 서버, 데이터 투자가 폭발적으로 증가하면서 일본의 반도체 장비, 소재 기업(도쿄일렉트론, 어드반테스트, 신에츠화학 등)이 직접적인 수혜를 받았다. 2024년 이들 기업의 영업이익은 평균 50% 이상을 기록하며 니케이 성장에 힘이 되었다. 이는 전통산업에 정체되어 있던 일본 기업들이 AI 시대의 통해 질적·구조적 가능성을 보여줬다는 점에서 시장의 기대감을 크게 일으켰다.

엔화 가치가 낮아지면서 자동차 등 수출 기업 실적도 최대치를 기록했다. 도요타는 2023년 영업이익 5조 엔을 일본 기업 최초로 돌파했다. 2024년에도 달러·엔 환율이 150엔 안팎으로 유지되면서 해외 매출 환산 이익에서 이들 기업은 지속적인 플러스 효과를 누렸다.

내수도 안정적이었다. 임금 인상, 고용 안정이 겹치며 내수 소비도 개선되면서 여행, 서비스, 건설, 부동산 등 비제조업 부문도 2024년 두 자릿수 이익 증가를 기록했다.

이익 축적이 계속되며 일본 기업들의 이익잉여금은 2024년 2분기 사상 처음 600조 원을 돌파했다. 자금이 넉넉한 기업들은 자사주 매입을 계속하고 배당을 늘렸다. 이 소식에 외국인 자금이 유입되는 선순환은 더욱 강화되었고, 니케이 지수는 2024년 한 해 19% 상승했다.

중국 회피,
일본 픽

외국인들의 눈에 일본 증시는 매력적이었다. 2024년은 글로벌 유동성이 다시 늘어난 시기였다. 2022, 2023년 0%에서 5%까지, 이전에 없던 속도로 금리를 인상한 연준의 조치 덕분에 2023년 하반기부터는 미국 인플레이션 증가 속도가 둔화하기 시작했다.

물가 지표가 연준 목표치(2%)에 접근하고 고용, 소비 지표도 피크를 쳤다. '이제 금리 인상은 그만하고 동결 혹은 내릴 차례'라는 인식이 퍼지며 금융시장에서는 2024년 중반, 하반

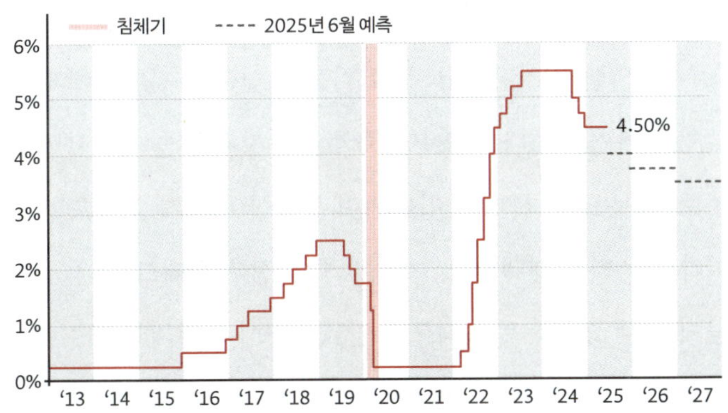

미 연준 정책금리(출처: Statista, 2025.6.)

기 금리 인하를 반영하기 시작했다.

게다가 2024년은 미국 대선이 있는 해였고 경기 둔화, 고용 악화는 선거에 부담이 될 수 있었다. 트럼프와 바이든 양자 대결 구도 속에서 경기 침체는 선거 구도에 큰 영향을 줄 수 있는 변수였고, 대부분 선거가 있는 해에 통화 정책은 완화적 기조로 간다는 시장 예측도 작용했다. 전 세계 투자자들은 다음 기회가 어디 있는지 찾고 있었고, 이런 상황에서 일본 시장은 뚜렷한 메리트를 가지고 있었다.

첫 번째는 안정성이었다. 연준의 금리 전망이 요동치면서 미국과 유럽 국채 수익률도 크게 출렁였다. 일본의 상황은 달랐다. 일본은행은 여전히 낮고 안정적인 금리를 유지하고 있었다. 기업 실적과 주주환원이 개선되면서 성장을 보여준 시장에 안정성까지 더해지며 매력적인 투자처가 된 것이다.

또, 일본 시장은 중국을 회피하고 싶은 투자자들에게 좋은 대안이기도 했다. 2024년 중국은 대형 부동산 개발사의 디폴트, 채무 조정 사태가 이어지며 부동산 위기가 장기화할 것이라는 우려가 팽배했다. 여기에 중국 정부가 테크, 게임 산업 등에 돌발 규제를 반복적으로 발표하면서 투자자들 사이에는 '내일은 어떤 산업이 규제 대상이 될지 모른다'라는 불안이 더해졌다.

트럼프 대통령의 당선이 우세해지면서 미·중 갈등이 격화하는 것도 문제였다. 반도체 수출 통제가 예상되고, 대만 해협의 긴장도 고조되었다. 이런 환경 속에서 2023, 2024년 상하이, 홍콩 증시는 약세를 보이며 글로벌 주요 지수 대비 부진했다. 미국, 유럽 투자자들은 언제 정치, 안보 리스크로 자금 회수가 어려워질지 모르는 중국에 대한 투자를 꺼렸다. 이런 상황에서 아시아에 투자해야 한다면 대안은 일본이었다. 안정과 성장을 추구하는 외국인 투자자들은 일본 시장을 택했다.

사실 일본 시장은 단순히 아시아 시장 중 하나가 아니다. 저자가 2005년 금융시장에 첫발을 디딘 JP모건에서는 일본 시장은 단독으로, 나머지 한국과 중국 등 아시아 지역은 '일본을 제외한 아시아**Asia ex-Japan**'로 구분했다.

세계에서 가장 오래된 증시 가운데 하나인 일본 시장은 본래 글로벌 스탠다드에 부합하는 유일한 시장이었다. 여기에 기업 지배 구조 개혁과 실적 개선이 더해지면서, 외국인 자금은 일본으로 쏠릴 수밖에 없었다.

한국,
가능성과 공백 사이

외국인들이 일본 주식을 매수했던 시기 코스피 시장이 완전히 외면받은 것은 아니었다. 외국인들은 2024년 상반기 코스피 주식을 약 23조 원 매수했는데, 이는 같은 기간 일본 주식 매수 금액인 3.5조 엔(약 32조 원)의 70% 수준이다. 외인 매수에 힘입어 코스피는 2024년 중반 2,800선을 살짝 두드리기도 했다.

일본 시장과 분위기가 달라진 것은 하반기부터였다. 글로벌 자금은 2024년 하반기에도 일본 주식을 꾸준히 순매수하며 연간으로 총 6.3조 엔(약 58조 원)의 순매수를 달성했는데, 이와 달리 코스피 시장의 매수 규모는 하반기 들어 눈에 띄게 줄었다.

이유는 여러 가지였다. 2024년 총선을 앞둔 한국은 정치적 불확실성이 강했고, 코스피 상장사 영업이익도 개선 조짐은 있지만 뚜렷한 모멘텀이 없었다. 아베 정부 시절부터 10년 넘게 지배 구조 개혁이나 밸류업 정책을 펼쳐온 일본과 달리 한국은 정치 불확실성을 동반하면서도 이렇다 할 밸류업 계획을 발표하지 않았다. 환율도 1,300원대에서 불안정한 흐름을 이어갔고 원화 가치의 추가 하락에 베팅하는 투자자들도 많이 있었다.

　이런 환경에서 한국은 장기 랠리를 확신할 수 없는 시장, 가능성은 있지만 정책 모멘텀이 아직은 부족한 시장이었다. 중국을 회피하려던 글로벌 자금은 한국 대신 일본을 선택했고, 결과는 니케이 지수의 가파른 상승으로 이어졌다. 그해 연말 한국은 계엄령과 정치 불확실성으로 살벌한 시기를 보냈지만, 일본은 니케이 지수 4만 고지를 넘기며 세계 투자자들의 스포트라이트 속에서 축배를 들고 있었다.

일본 사례가 코스피 시장에 던지는 질문

2024년 니케이 지수의 4만 돌파는 단순한 숫자 이상의 의미를 지닌다. 1989년 이후 무려 30년간 잊힌 시장, 다시는 오르지 않는다는 체념이 뿌리 깊게 자리 잡은 시장이 아무도 예상하지 못한 시점에 장벽을 깨고 사상 최고치를 달성했다.

이 극적인 반전에는 분명한 동력이 있었다. 아베 신조 총리 취임 이후 근 10년 동안 꾸준히 추진된 기업 지배 구조 개혁과 주주환원 정책, 일본중앙은행의 전례 없는 PBR 개선 압박, 그리고 엔저로 인한 기업 실적 급등이 있었다. 여기에 세계적인 AI 산업 붐과 글로벌 유동성 회복이 맞물리며 주가 수준을 결정하는 세 가지 요인, 즉 주주환원, 기업 실적, 거시경제가 절묘하게 동시에 작동했다.

그렇다면 이 사례가 한국 투자자에게 주는 메시지는 무엇일까? 한국 투자자들은 매일 아침 외국인 매수·매도 뉴스를 접한다. 사람들 대부분은 그저 결과를 소비할 뿐, 왜 그런 흐름이 발생했는지는 이해하지 못한다. 외국인 수급은 여전히 블랙박스처럼 보인다.

하지만 일본 사례는 이를 예측할 수 있는 힌트를 제공한다. 글로벌 자금은 하루의 기분이나 단순 차익 거래로 움직이지 않는다. 글로벌 자산 배분이라는 큰 틀 안에서 '아시아'라는 포트폴리오 투자를 위해 어느 나라 시장이 가장 매력적인지를 두고 전략적으로 움직인다.

일본에 돈이 몰린 이유는 단순히 주가가 낮았기 때문이

아니다. 장기적으로 추진된 기업 지배 구조 개선 정책의 성과, 기업 실적 개선, 글로벌 유동성 공급, 그리고 중국과 한국 등 투자 대안이 없던 환경이 동시에 맞아떨어졌기 때문이다. 글로벌 투자금이 일본을 주목하며 대규모 매수를 시작했고, 그 뒤를 일본 기관 투자자들이 따랐으며, 오랫동안 저축에 머물러 있던 일본 개인 투자자들까지 주식시장에 뛰어들었다.

코스피 1만을 향한 길도 크게 다르지 않다. 만약 올해 안에 코스피 지수가 5,000선에 도달한다면, 그 시나리오는 니케이 지수의 4만 돌파 과정과 비슷할 것이다. 글로벌 유동성 공급, 기업 실적 개선, 미 증시로 떠났던 개인 투자자의 귀환, 그리고 주변국 대비 매력적인 밸류에이션이 동시에 맞아떨어질 때 코스피는 다시 한번 강한 상승 흐름을 탈 수 있다.

따라서 "코스피 1만이 가능한가?"라는 물음은 곧 다음과 같은 요소를 품고 있다.

1. 주주환원(배당·자사주 매입·지배 구조)

· 한국 기업들은 배당 성향을 꾸준히 높이고, 미국식 '배당 귀족주'처럼 일관성 있는 배당 정책을 정착시킬 수 있을까?

· 자사주 매입뿐 아니라, 소각을 통한 진정한 주주가치 제

고가 가능할까?

· 재벌 중심의 지배 구조와 소액주주 권한 부족, 불투명한 순환출자 문제를 해결할 수 있을까?

· 외국인에게 신뢰를 받는 주주 친화적 시장으로 변모할 수 있을까?

2. 기업 실적(재무적 특성)

· 반도체, 자동차 등 제조업 편중을 벗어나 신성장 산업에서 새로운 장기 성장 서사를 만들어낼 수 있을까?

· 한 기업에 과도하게 의존하는 구조를 극복하고, 다양한 섹터가 주가를 이끄는 구조를 만들 수 있을까?

· 정부의 확장적 재정 정책, 추경, 산업 정책이 기업 실적 개선으로 이어질 수 있을까?

· 한국 기업이 AI 등 신사업에서 글로벌 경쟁력을 확보할 수 있을까?

3. 거시경제(환율·금리·글로벌 유동성)

· 향후 1, 2년간 글로벌 유동성 흐름은 어디로 향할까?

· 미 연준의 금리 인하는 언제 일어날까? 그에 따라 미국 증시와 달러화 가치는 어떤 방향으로 움직일까?

· 원·달러 환율은 안정세를 찾을까?

· 글로벌 투자자들은 대만·일본·중국이 아닌 한국 투자를
선택할까?

· 한국 정부의 정책과 거시경제 사이클이 맞물려, 미국 증
시로 향했던 개인 투자자들이 한국 증시로 돌아올 조건
이 마련될까?

글로벌 대기 자금,
사상 최대 규모

이제 글로벌 유동성을 살펴보자. 2025년 7월 미국 주식시장
을 기준으로 보았을 때, 전 세계적으로 주식시장으로 이동할
수 있는 자금은 그 어느 때보다 풍부했다. 이를 가늠할 수 있
는 대표적 지표는 크게 두 가지다.

그중 하나가 바로 역逆레포**Reverse Repo, RRP** 잔액이다.
역레포는 금융기관이 단기 자금을 연준에 맡기고 안전한 미국
국채를 담보로 받는 구조다. 금융기관에는 놀고 있는 현금을
안전하게 보관하는 창구이며, 중앙은행에는 시중 유동성을 흡
수하는 수단이 된다.

역레포 잔액이 커진다는 것은 위험자산을 피해서 현금이 연준 금고에 머물고 있다는 뜻이고, 반대로 잔액이 줄어든다는 것은 현금이 금고 밖으로 나와 위험자산(신흥국 자산과 주식시장)으로 이동할 준비를 하고 있음을 의미한다.

실제로 역레포 잔액은 2023년 2.6조 달러까지 치솟으며 극도로 보수적인 자금 환경을 보여주었다. 그러나 이후 꾸준히 감소해 2025년 9월에는 사상 최저치를 기록했다. 이는 곧 글로벌 자금이 위험 회피 국면을 끝내고, 다시 위험자산으로 발걸음을 옮길 준비가 끝났음을 뜻한다.

역레포에서 빠져나온 자금의 상당 부분은 머니마켓펀드**MMF**로 흘러 들어갔다. MMF는 단기 국채 등 초안전자산에

미 연준 역레포 잔액(출처: 뉴욕 연방준비위원회, 2025.9.)

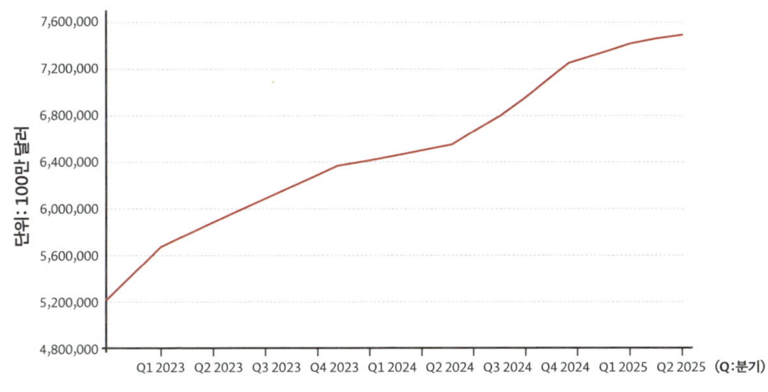

머니마켓펀드의 총 금융자산 규모(출처: 뉴욕 연방준비위원회, 2025.9.)

투자하지만, 동시에 언제든 주식이나 회사채 같은 위험자산으로 이동할 수 있는 '대기성 자금'이다.

현재 미국 MMF 잔고는 2022년 이후 꾸준히 늘어나 2025년 7월 기준 7조 달러까지 치솟았다. 초보수적 현금 창고인 역레포는 사상 최저치, 반대로 위험자산 대기 자금인 MMF는 사상 최고치라는 이 극명한 대비는 위험 회피 국면이 끝나고, 이 투자금이 글로벌 투자처를 향해 방향을 틀고 있다는 증거다. 그렇다면 이 천문학적 자금이 본격적으로 글로벌 주식시장, 그리고 코스피 시장으로 이동할 '방아쇠'는 무엇이었을까?

답은 명확했다. 바로 미국 연준의 금리 인하다.

달러 약세와 원화 강세, 외국인 매수세를 부르는 요인

금리 인하가 시작되면 가장 먼저 달러 가치가 움직인다. 금리 인상기에는 전 세계 자금이 달러 자산으로 몰렸지만, 금리 인하가 본격화되면 달러 강세는 꺾이고 달러 약세 전환이 불가피하다. 실제로 과거 사이클에서도 연준이 금리 인하를 시작한 이후 달러 지수**DXY**는 평균 10~15% 하락했다. 달러 약세는 곧 신흥국과 비**非**달러 자산에 유리한 환경을 만든다.

달러 자산에 묶여 있던 현금과 안전자산이 더 이상 매력적이지 않게 되면서, 투자자들은 자연스럽게 저평가된 해외 증시로 눈을 돌린다. PER 11 수준의 코스피는 미국과 나스닥 대비 기대 수익률이 2배 이상 높아 글로벌 포트폴리오 재편에서 가장 매력적인 대상으로 부상할 수 있다.

그러면 결국 '연준의 금리 인하 → 달러 약세 → 외국인 매수세 강화'라는 선순환 구조가 만들어진다. 여기에 한국 정부의 밸류업 정책, 반도체 슈퍼사이클, AI 산업 확산 등 모멘텀이 겹친다면 코스피의 폭발적 성장은 현실이 될 수 있다. 일본이 2024년에 보여준 것처럼 외국인 수급의 방향 전환은 단기간에 지수를 폭발적으로 끌어올릴 힘을 갖고 있다.

게다가 원화 자체가 저평가되어 있다는 점도 중요하다. 현재 원화는 국제적으로 비교했을 때 실질 실효 환율**Real Effective Exchange Rate, REER** 기준으로 9% 정도 저평가되어 있다. 실질 실효 환율은 단순히 원·달러 환율만이 아니라 한국의 교역 상대국 통화와 물가 수준까지 반영해 원화의 '실질 가치'를 평가하는 지표다. 예컨대 원·달러 환율이 같더라도 한국의 물가가 미국보다 낮다면 원화는 실제로 더 싸게 평가된다.

2025년 9월 기준으로 원화의 REER는 약 91(2020년을 100으로 했을 때)이다. 이는 원화가 교역 상대국 통화 대비 실제 구매력보다 9% 낮은 수준, 다시 말해 본래 가치보다 싸게 거래되고 있음을 의미한다. 따라서 앞으로 원화가 절상(원·달러 환율 하락)될 가능성이 크다. 외국인 투자자 입장에서는 환차익까지 기대할 수 있으므로, 원화 강세는 한국 증시에 자금 유입을 촉발하는 강력한 요인이 된다.

외국인 순매수는 이미 최근 코스피 반등의 동력이 되고 있다. 그러나 아직 본격적인 매수세가 시작되었다고 보기는 어렵다. 2024년 8월부터 2025년 4월까지 9개월간 외국인이 쏟아낸 코스피 매도 물량은 약 40조 원으로, 2008년 글로벌 금융위기 당시 순매도 규모에 맞먹는 수준이었다. 이후

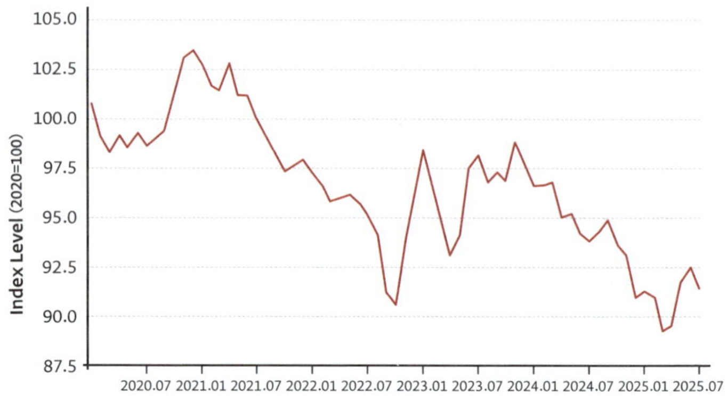

원화 실질 실효 환율
(출처: Bank for International Settlementsvia Fred)

2025년 5월부터 8월까지 외국인들은 매월 1~2조 원씩 순매수에 나서고 있지만, 불과 4개월간의 매수로는 누적된 매도 물량을 상쇄하기에 턱없이 부족하다.

바꿔 말하면, 외국인의 '실탄'은 여전히 충분히 남아 있으며 매수 여력은 과거보다 훨씬 크다. 연준의 금리 인하와 달러 약세라는 환경이 조성되면 외국인 자금은 언제든 단기간에 코스피를 폭발적으로 끌어올릴 수 있다는 뜻이다.

환율과
개인 투자자의 귀환

외국인이 꾸준히 한국 주식을 사들인다면 코로나 팬데믹 이후 미국 증시로 향했던 개인 투자자들의 귀환도 시간문제다. 오히려 '스마트 머니'로 불리는 일부 개인 투자자들은 외국인 매수세를 미리 감지하고 코스피 시장으로 더 먼저 돌아올 가능성도 있다.

단순한 가정이 아니다. 코로나 팬데믹 직후인 2021년 1월, 코스피가 사상 처음 3,000포인트를 돌파하도록 한 주역은 다름 아닌 개인 투자자들의 대규모 순매수였다. 촉매는 환율 하락, 즉 원화 강세였다. 실제로 2020년 3월 코로나 팬데믹 충격으로 원·달러 환율이 1,286원까지 치솟았다가, 2021년 1월에는 1,082원까지 빠르게 안정되었다. 이 시기 외국인은 오히려 매도세였지만 개인 투자자들은 대규모 매수에 나섰고, 그 힘으로 코스피는 같은 해 6월 3,316포인트까지 치솟았다. 원화 강세가 개인들에게는 '환율 안정 → 외국인 자금 유입'이라는 단순하면서도 강력한 기대를 심어주었던 것이다.

지금도 모양새는 비슷하다. 앞으로 환율이 안정되고 원화가 강세로 돌아선다면 개인 매수세는 되살아날 가능성이 높

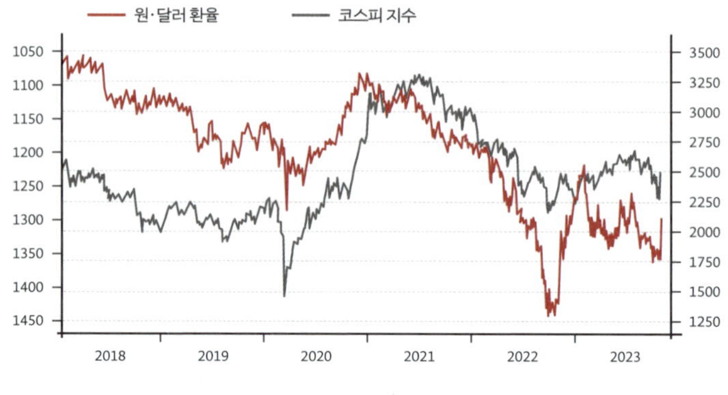

코스피 지수 대비 원·달러 환율
(출처: Steno Research, Bloomberg, Macrobond)

다. 여기에 외국인의 순매수세가 더해진다면 코스피 1만을 향한 상승 동력은 한층 더 강력해질 것이다.

냉정한 외국인 매수

앞서 살펴본 것처럼 글로벌 투자자들에게 코스피는 유망한 투자처다. 그러나 그들의 시선은 냉정하다. 일본, 대만, 중국 등 주변국 증시와 비교해 상대적으로 저평가되어 있으면 사고, 그렇지 않으면 판다. 장기적으로 집계하면 외국인은 코스피에서 순매수를 유지하는 것처럼 보이지만, 주 단위·월 단위로

들여다보면 상황은 다르다. 코스피를 팔고 일본, 대만, 중국 증시로 이동하는 자금 흐름이 수시로 포착된다.

이처럼 외국인 매수가 불안정한 가장 큰 이유 중 하나는 정책 불확실성이다. 대표적인 예가 대주주 양도세 기준 문제다. 10억 원 기준이 일단 철회되는 듯했지만, 몇 달이 지나도록 국회 논의만 이어지고 시행령은 나오지 않은 상태다. 불확실성은 여전히 해소되지 않았다.

또 다른 사례는 배당소득 분리과세 제도다. 이재명 정부는 주주환원 확대를 유도하기 위해 일정 금액 이하의 배당소득에 낮은 세율을 적용하겠다고 발표했다. 기존에는 배당소득이 다른 종합소득과 합산되어 누진세가 적용되었지만, 앞으로는 배당 성향이 높은 기업에 투자한 경우 구간별로 차등 세율을 적용하는 방식이다.

2025년 12월 국회를 통과한 세제 개편안에 따르면, 2026년부터 3년 동안 배당 성향이 40% 이상인 기업 투자자의 배당소득에 대해 2,000만 원 이하 14%, 2,000만~3억 원 20%, 3억~50억 원 25%, 50억 원 초과 30%의 세율로 분리해 과세를 적용한다. 이는 고액 자산가들에게 세 부담 완화 효과를 주어 고배당 상장주식에 대한 투자 확대를 유도하고, 기업들이 배당을 늘리도록 유인하는 정책적 장치다.

이러한 개편은 투자자들의 환영을 받고 있으나, 세부 내용과 실행 속도에서 아쉬움을 느낀 사람도 있다. 오랫동안 개정안의 국회 통과가 지연되었고 25%였던 최고 세율이 30%로 조정되기도 했다. 게다가 이 제도는 추후 언제든 정치적 변수에 따라 결과가 달라질 수 있다. 이런 불확실성은 투자자들의 불신을 낳을 수 있다.

여기에다 이재명 정부가 코스피 5,000 달성을 공언하며 친기업 정책을 펼 것이라는 기대와 달리, '노란봉투법' 같은 친노동 정책을 추진하면서 기업환경에 대한 우려도 커지고 있다. 노란봉투법은 2014년 쌍용차 사태 당시 손해배상 판결로 어려움을 겪은 노동자들을 지원하기 위해 시작된 시민 캠페인에서 비롯된 이름이다. 그러나 입법안의 실제 내용은 기업의 부담을 크게 늘리는 방향으로 설계되어 있다.

노란봉투법은 사용자의 범위를 넓히고, 분쟁 범위를 해고·복직 결정에서 근로조건 전반으로 확장한다. 대기업은 수천 개의 하청 노조와 동시에 교섭해야 할 가능성이 생기고, 파업으로 인한 손해배상 책임도 제한된다. 경영 판단 자체가 분쟁의 대상이 될 수 있어, 기업 입장에서는 경영 리스크와 인건비 부담이 커질 수밖에 없다.

실용과 성장을 내세우며 출범한 정부가 기업 활동을 위축

시킬 수 있는 정책을 동시에 추진하자 글로벌 단기 자금은 곧 바로 반응했다. 2025년 7, 8월 코스피가 주춤하던 사이 일본과 대만 증시는 연일 상승세를 이어갔다. 정책 불확실성이 코스피 추가 상승의 발목을 잡은 것이다.

> "헤지펀드들이 일본 주식에 대규모로 롱long 포지션을 잡고 있으며, 반대로 한국에 대해서는 숏short 포지션을 늘리고 있다. 일본과 미국 사이의 관세 우려가 완화되었고 닌텐도, 소프트뱅크 같은 기업 주가가 강세를 보이고 있다. 한국은 올해 30%나 올랐기 때문에 매도 포지션이 늘고 있다."
> 〈로이터통신〉, 2025.8.13.

결국 2025년 하반기 코스피는 삼성전자와 SK하이닉스 실적에 힘입어 상승세를 지속했지만, 이런 외인 매수의 흐름은 코스피가 직면한 현실을 보여준다. 일본, 대만, 싱가포르, 중국, 인도 등 모든 아시아 주요 증시가 곧 경쟁자다. 코스피는 이들과 기업 실적, 주주 친화 정책, 정치적 안정성을 두고 경쟁한다. 코스피는 밸류에이션 매력 하나만으로 외국인을 끌어들였고, 그 결과 2025년 30% 가까이 상승했다. 그러나 여기서 더 오르려면 단순한 저평가 이상의 무언가가 필요하다.

글로벌 투자 세계는 언제나 냉정하다. 만약 한국 정부가 친기업 기조보다 친노동·분배 중심으로 기운다고 판단한다면 글로벌 투자자들은 망설임 없이 방향을 틀어 일본·대만·싱가포르 등 다른 시장으로 옮겨갈 것이다.

코스피 1만보다 더 중요한 것

투자자들은 궁금해할 것이다. '그래서 언제 코스피가 1만에 갈 것인가?' 하지만 이보다 더 중요한 질문은 따로 있다. 코스피 시장, 나아가 한국 경제가 궁극적으로 노려야 할 것은 1만이라는 수치가 아니라, 코스피가 나스닥처럼 수년간 꾸준히 상승하는 시장으로 진화하는 것이다. 코스피는 한국의 경제 규모와 국격에 걸맞도록 꾸준히 우상향한다는 믿음을 투자자들에게 줄 수 있는 시장이 되어야 한다. 1만이라는 지점에 잠깐 도달했다 무너지는 시장이 아니라, 어느 날 보니 1만이 되어 있고, 2만을 향해 가고 있는 그런 시장 말이다.

미국 주식시장이 매력적인 이유는 단기 수익률에 있지 않다. 며칠 만에 수십~수백%씩 오르는 스타 종목들은 한국에도 흔하다. 미국 시장의 진짜 가치는 장기 수익률이다. 지난 100여 년 동안 미국 S&P500 지수는 연평균 약 10%라는 놀라울 정도로 안정적인 수익률을 기록해왔다. 대공황·2차 세계대전·석유 파동·닷컴 버블·서브프라임 사태 같은 전 세계적 위기를 모두 거쳤는데도 말이다.

당연히 단기적으로는 하락과 폭락이 있었다. 그러나 미국 시장은 매번 회복했고, 결국 더 높은 지점으로 올라섰다. 이 '우상향의 힘'이야말로 다른 어떤 시장도 흉내 내기 어려운 특징이다. 세계 자금이 미국으로 몰리는 것은 화려한 단기 수익이 아니라 꾸준함이 만들어낸 복리 효과 때문이다. 이것이 쌓여 미국 시장은 가장 확실한 장기 자산 증식 수단으로 자리 잡았다.

미국 주식시장의 가장 큰 원동력은 기업 성장과 혁신, 그리고 이를 뒷받침하는 자본 조달 생태계다. 미국은 전 세계에서 가장 발달한 IPO 시장과 벤처 캐피털 생태계를 갖고 있다. 애플, 마이크로소프트, 아마존, 구글, 메타, 엔비디아, 테슬라 등 거의 모든 미국의 빅테크 기업이 기업 공개와 후속 증자를 통해 R&D와 확장을 이어왔다. 자본시장이 발달할수록 기업 혁신과 성장이 촉진된다는 기본 원리가 입증된 곳이다. 특히 미국은 기업 지배 구조·투자자 보호·회계 투명성이 제도적으로 완성된 상태여서 자본 조달과 기업 성장의 선순환 구조가 굳건히 자리 잡을 수 있었다.

코스피 시장도 그렇게 되어야 한다. 꾸준한 우상향에 대한 믿음을 줄 수 있는 국가 대표 시장으로 거듭나야 한다. 이를 위해 가장 필요한 것은 기업의 성장과 경제의 근본 체력이다. 글로벌 유동성 증가와 달러 약세, 감세가 일시적으로 글로벌 자금을 끌어들여 상승의 방아쇠가 될 수는 있다. 하지만 이 성장을 5년, 10년 이어가기 위해서는 기업 성장과 안정된 자본 조달 시스템이 반드시 뒷받침되어야 한다.

단타의 유혹
vs. 꾸준함의 힘

2017년 말, 블록체인 행사에 초청을 받아 서울을 찾은 적이 있었다. 당시 지하철 광고판은 온통 코인 투자로 도배돼 있었고, 하루에 수십%씩 요동치는 차트에서 눈을 떼지 못하는 젊은 직장인들의 모습이 지하철 곳곳에 가득했다. 미국 주식 장기 투자를 주제로 강연하는 자리에서도 비트코인에 대한 질문이 절반이 넘었다.

미국이라고 크게 다르지 않았다. 스탠퍼드대학교에서 10분 거리에 있는 저자의 동네에는 한때 세계를 휩쓸었던 권도형의 테라·루나 코인을 갖지 않은 사람이 거의 없었다. 나를 포함한 몇몇 고리타분한(?) 금융권 출신만이 끝내 코인 매수를 거부했다.

이후 테라·루나 사태와 권도형의 체포, 미국 송환, 그리고 연쇄적인 암호화폐 기업들의 징계와 파산이 일어났을 때, 나는 그 파산 회사들의 채권단을 대리하는 변호사로서 그 상황을 가까이서 지켜볼 수 있었다. 그러면서 폭등과 폭락이 만들어내는 위험, 단타 투자의 허망함을 반복해 깨달았다.

코스피 시장도 다르지 않아 보인다. 몇 년 주기로 새로운 테마가 시장을 휩쓴다. 한때 바이오주가 '한국판 테슬라'라는 기대를 등에 업고 치솟았고, 이어 2차전지와 수소차가 미래 먹거리라는 구호와 함께 시장을 달궜다. 메타버스와 AI 반도체 관련주들이 며칠 연속 상한가를 기록하며 개인 투자자들을 유혹하는 모습도 보였다.

그러나 유행이 꺾이는 순간 주가는 급락하고, 고점에 뒤늦게 올라탄 투자자들은 손실을 떠안는다. 2021년 게임주,

2022년 NFT·메타버스주, 2023년 2차전지 장비주가 일으킨 급등락은 이를 잘 보여준다. 이렇게 반복되는 폭등과 폭락 사이클은 코스피가 여전히 '투기판'이라는 인식을 만든다.

미국 S&P500의 지난 100년 평균 연수익률 10%가 초라해 보일 수 있다. 저자가 《앞으로 3년, 미국 랠리에 올라타라》에서 기대 수익률이 '연 10%대'라고 말했을 때, 실망스러운 표정을 짓던 독자들의 모습이 아직도 기억난다.

그러나 이 10%는 결코 적지 않다. 10년 동안 복리로 쌓이면 원금은 2.5배 이상이 되고, 30년 동안이면 무려 17배가 된다. 무엇보다 중요한 것은 이 시장이 100년 넘는 폭락장을 모두 견뎌내며 다시 올라섰다는 사실이다. '이번에도 회복한다'라는 믿음이 투자자들에게 평정심을 준다. 매일 휴대전화를 쳐다보고 확인하는 대신, 잊고 있다가 어느 날 보면 꾸준히 우상향하는 그래프를 마주할 수 있다.

한국 시장에 필요한 것도 바로 이런 '꾸준히 우상향한다는 믿음'이다. 테마주나 코인은 단기 투기 수단일 뿐이다. 국민 자산을 지켜줄 국가 대표 투자처는 단기 유행이 아니라, 장기적 복리 수익을 만들어내는 주식시장이어야 한다.

4장

실리콘밸리에서 답을 찾다

코스피 시장은 어떤 모습으로 진화해야 할까? 답은 한국에만 있지 않다. 글로벌 자금의 흐름은 이미 실리콘밸리, 뉴욕, 런던, 홍콩에서 결정되고, 한국은 그 거대한 투자 네트워크 속에 있다. 세계 투자자들이 한국을 어떻게 바라보는지, 또 한국을 일본·대만과 비교해 어떤 위치에 두는지가 앞으로 코스피의 미래를 좌우할 것이다. 시선을 글로벌 투자 중심지 실리콘밸리로 옮겨, 그곳 사람들이 바라보는 한국 시장의 가능성과 한계를 알아본다.

불닭볶음면과
〈사랑의 불시착〉

멜팅팟**melting pot**이라는 표현이 가장 어울리는 곳은 실리콘 밸리일 것이다. 실리콘밸리가 있는 산타클라라카운티 인구의 3분의 1이 미국 밖에서 태어난 사람들이라는 통계가 있을 만큼 이곳에는 이민자들이 많다. 이들 가운데 상당수가 빅테크 기업에서 일하거나 창업을 한다. 특히 아시아계 인구가 많은데, 실리콘밸리 기술직 근로자의 3분의 2가 외국 태생이고, 그 절반이 아시아 출신이라는 조사 결과도 있다.

아시아계가 많은 만큼 이곳 사람들의 한국 문화 이해도도 높지만, 최근 체감하는 한류의 영향력은 이전과 차원이 다르다. 10여 년 전 '강남스타일'의 유행은 일회성 이벤트에 가까웠다. 그러나 2025년 〈케이팝 데몬 헌터스〉를 향한 인기는 스케일과 양상이 다르다. 전통적인 한국 문화 요소와 트렌디한 케이팝 감성을 결합한 콘텐츠들이 10대, 그중에서도 특히 여학생들의 절대적 지지를 얻고 있다. 10대 시절에 접한 문화는 평생의 습관으로 이어지기 때문에 이들 세대는 장차 한국 상품과 문화를 꾸준히 소비하는 충성 고객이 될 가능성이 높다.

사실 실리콘밸리에서 10여 년 거주하면서 한류 확장성을 체감한 첫 계기는 〈케이팝 데몬 헌터스〉보다 훨씬 이전에 있었다. 그것은 K-팝도, K-뷰티도 아닌 바로 불닭볶음면이었다. 미국 로펌에서는 여름 인턴들이 근무하는 시기에 재미있는 이벤트들을 많이 연다. 와인 테이스팅이나 멘토와 함께하는 저녁 식사 등 딱딱한 업무에 숨통을 트이고 로스쿨 학생들에게 회사의 매력을 알리는 행사가 많다. 그 가운데 '불닭볶음면 먹기 대회'가 있었다.

행사 방식은 단순했다. 매운맛 제품('핵 불닭볶음면')에 핫소스를 추가해 1~5단계 난이도를 만들고, 매 단계에 도전해 매운맛을 끝까지 견디면 우승하는 방식이었다. 중간에는 매운 혀를 달래기 위해 우유와 카스텔라를 곁들여주었다. 어린 로

스쿨 학생들이 기를 쓰고 라면을 먹는 모습, 매운맛을 참지 못하고 화장실로 달려가는 모습이 관전 포인트였다.

한국인의 전유물이라 생각했던 매운맛이 미국에서 대중적일 수 있다는 사실은 신선한 충격이었다. 인스타그램과 틱톡에는 불닭볶음면을 활용한 다양한 레시피가 올라왔고, 어떤 사람은 이런 행사를 계기로 매운 음식의 매력에 눈을 떠 한국 먹방 채널의 열혈 구독자가 되기도 했다. 몇 년 전만 해도 상상하기 힘든 변화였다.

한편, K-드라마에 대한 첫 기억은 손예진과 현빈 주연의 〈사랑의 불시착〉(미국에서는 'Crash Landing on You')였다. 회사 주간 회의에서 고위 직급 파트너가 "다들 긴장해서 일만 하지 말고 넷플릭스 명작 드라마 하나 보라"라며 추천한 작품이었다. 북한 남성 군인과 남한 여성 CEO의 사랑이라는 판타지적이고 다소 유치한 설정의 드라마라고 생각했던 나에겐 이런 상황 역시 충격이었다.

그 후에도 〈사랑의 불시착〉의 팬을 많이 만났다. 놀라웠던 점은 이들이 대부분 한국 드라마는커녕 외국 드라마도 잘 안 보는 중년 백인 남성이었다는 사실이다. 특히 코로나 이후 넷플릭스가 일상화되면서, 가족과 함께 우연히 한국 드라마를 접하고 팬이 된 경우가 많았다. 입문작이 〈사랑의 불시착〉이라면 이후에는 〈이상한 변호사 우영우〉 〈SKY캐슬〉 〈내 여자 친구는 구미호〉처럼 여러 장르의 작품으로까지 확장됐다.

재미있는 것은 이들이 특정 콘텐츠를 좋아하는 이유가 한국인의 시각과는 크게 다르다는 점이다. 저자가 만난 한국 드라마 팬 가운데서 작품 설정을 제대로 이해하는 사람은 없었다. 대다수는 주인공이 북한 군인과 남한 재벌이라는 사실조차 잘 기억하지 못했다. 그들에게 이 드라마는 단순히 도시 여자와 시골 남자가 사랑에 빠지는 설정(미국에서도 매우 흔하다)이 한국적 요소와 버무려진 신선한 로맨스일 뿐이었다.

반대로 내가 추천한 작품에는 반응이 별로 좋지 않았던 경우도 많다. 〈대장금〉을 극찬하던 중동 친구에게 〈허준〉을 추천했더니 재미없다고 했고, 〈이상한 변호사 우영우〉를 좋아하던 친구에게 〈하이에나〉를 권했더니 역시 좋지 않은 반응이 돌아왔다. 한국인인 나는 외국인이 좋아할 한국 드라마를 고르는 게 서툴다는 생각이 들었다.

외국인에게
먹히는 한류란?

〈케이팝 데몬 헌터스〉의 제작사가 한국 기업이 아닌 미국의 소니라는 점은 이런 현상과 맞닿아 있다. 외국인이 좋아할 콘텐츠는 외국인이 더 잘 만든다. 히어로가 악마를 무찌른다는 설정은 할리우드식 선악 구도에서 익숙하다. 여기에 찜질방이나 김밥 같은 한국적 디테일을 버무리니 전 세계 10대가 열광하는 대중 콘텐츠가 탄생했다. 반대로 한국 문화를 너무 잘 이해하고 사랑하는 한국인들이 만든 콘텐츠가 오히려 외국인들에게 크게 먹히지 않는 경우가 수없이 많다.

몇 년 전 나는 실리콘밸리에서 열린 한국 전통문화 행사에 초대를 받은 적이 있다. 한국에서 온 국가문화재급 국악인과 무용인들이 직접 참여했고, 마침 추석 기간이라 한국식 명절 음식까지 대접하는 행사였다. 행사장은 외국 손님들로 가득했다.

문제는 음식이었다. 외국인들이 기대하는 것은 갈비, 잡채, 김밥 같은 메뉴다. 한국식 치킨도 상당히 인기 있다. 그런데 주최 측은 이런 음식이 너무 품위 없다고 생각했는지, 정갈한 한과와 차가운 구절판만을 저녁 식사로 제공했다. 거기다

공연에 음식 냄새와 식기 소리가 방해된다는 이유로 작고 예쁜 종이 도시락에 담긴 한과가 공연 끝 무렵인 밤 8시쯤 제공되었다. 종이 도시락을 열어보는 손님들의 허기지고 실망한 얼굴이 아직도 기억에 남는다.

안성재 셰프가 운영하는 '모수'처럼 샌프란시스코에 한국인이 운영하는 파인다이닝 레스토랑이 없었던 것은 아니지만, 대다수 미국인이 선호하는 한국 대표 다이닝은 여전히 왁자지껄하고 맛있는 냄새가 가득한 코리안 바비큐였다. 고급 소고기 부위와 양념 갈비를 한 그릴 위에 올려 마음껏 구워 먹는 무제한 한국식 바비큐집은 캐주얼 다이닝과 고기를 선호하는 미국인들에게 고급 한정식보다 훨씬 더 매력적이었다.

스탠퍼드대 MBA 재학 시절, 동기 친구들 40~50명을 이끌고 서울에 열흘간 여행을 간 적이 있었다. 한국 최고 수준의 식문화를 보여주겠다는 생각에 강남에 있는 비싼 식당 여러 곳에 데려갔는데, 정작 이들이 최고의 경험으로 꼽은 곳은 여행 막판에 급히 갔던 논현동의 삼겹살집이었다. 마음껏 연기를 피우며 떠들 수 있는 그 분위기가 미국 친구들에게는 훨씬 편하고 즐거웠던 것이다.

게다가 이들의 취향은 계속 진화한다. 요즘 떡볶이가 인기 음식이 된 것도 놀라운 변화다. 10년 전만 해도 떡의 쫄깃

한 질감을 좋아하는 외국인이 많지 않았는데, 이제는 떡볶이가 글로벌 인기 메뉴로 자리 잡았다. 요즘 미국 10대들의 생일파티에서 떡볶이가 최고 인기 메뉴로 꼽힐 정도다.

동네 마트에서 살 수 있는 한국 음식과 화장품 종류도 점점 늘어나고 있다. 김치, 라면은 물론이고 떡볶이, 만두, 냉동 치킨, 삼각김밥, 김 스낵, 홍삼 세트까지 판매한다. 아이스크림 코너에는 '메로나'가 있고, 화장품 코너에는 한국 마스크팩, 클렌징폼, 스킨케어 세트가 한 자리를 차지하고 있다.

K-뷰티 제품을 봐도 미국의 소비자 취향은 한국과 달라 보인다. 한국에서는 하얀 피부와 동안에 대한 집착이 강한 것과 달리, 미국에서는 건강하게 태닝한 피부가 부와 여유를 상징하기도 한다. 그리고 '어려 보인다'라는 말에 남녀 모두가 미묘한 거부감을 갖는 경우도 있다. 이런 문화가 있다 보니 한국처럼 무조건 동안을 추구하는 소비층은 드물다. 대신 특정 부위에 초점을 맞춘 기능성 제품이나 색조 관련 제품이 주목을 받는 경향이 있다.

주식시장으로
이어지는 교훈

음식과 화장품에 대해 길게 이야기한 이유는 두 가지다.

첫째, 미국에서 한류는 이미 주류 문화의 일부가 되었다는 점이다. 10년 전 '강남스타일'의 반짝 인기와 달리, 지금은 음식·화장품·드라마가 일상 깊숙이 파고들었다. 앞으로 시장은 더 커질 것이고, 한국 기업이 진출할 기회도 더욱 늘어날 것이다. 외국인들이 한국을 친근하게 여기고 한국 상품을 즐긴다면 한국 주식시장의 장기 매수세도 유지될 수 있다.

둘째, 미국인을 포함해 외국인이 좋아하는 한국 상품은 한국인이 좋아하는 상품과 다르다. 한국에서 잘 팔리는 제품이나 서비스가 반드시 미국에서도 통하는 것은 아니다. 한국인의 취향과 외국인의 취향은 겹치지 않을 수 있다. 이 단순한 사실이야말로 투자자가 한국 주식을 고를 때 놓치면 안 되는 포인트다.

코스피는 외국인 매매가 시장 방향을 좌우하는 전형적인 오픈마켓이다. 외국인이 집중 매수에 나서면 지수는 오른다. 반대로 외국인이 발을 빼면 단기간에 급락할 수도 있다. 따라서 투자자에게 중요한 것은 '외국인이 코스피를 매력적으로 보는 시기'에 '외국인에게 매력적으로 보이는 기업'을 선택하는 것이다.

종목을 고른다면, 미국 매출 비중이 높고 한류 수혜를 보는 기업이 유망하다. 글로벌 수요가 확대되는 상품을 생산하거나 미국 시장에서 확실한 존재감을 보이는 기업이다. 그러나 해외시장 진출에는 어려움도 따른다. 브랜드·마케팅·콘텐츠 연결성이 부족하다면 한류 효과는 지속되지 않는다. 산업별 규제, 물류 비용, 환율, 유통망 등도 기업별로 큰 차이를 보인다.

숫자가 아닌
시선으로

나는 주식 애널리스트가 아니다. 종목을 선정하고, 숫자와 차트를 나열하며 목표 주가를 예측하려는 생각은 없다. 그런 일은 서울에서 매일 코스피 시장을 살펴보는 애널리스트들이 훨씬 더 잘할 것이다.

대신, 이 책에는 내가 실리콘밸리에서 투자와 법률 분야에 몸담으며 직접 경험하고 교류함으로써 얻은 시각을 담았다. 글로벌 자본, 즉 외국인 투자자들이 어떤 시각에서 한국을 바라보는지가 핵심 내용이다. 정밀한 밸류에이션 분석보다 외국인들이 갖는 논리와 감각에 더 초점을 맞출 것이다. 한국 투자자들에게 중요한 것은 코스피가 단기적으로 몇 포인트 오를지 내릴지가 아니라, 해외에 비치는 한국 시장의 매력과 한계를 이해하고 국가 대표 주식시장인 코스피에 믿음과 자부심을 가지는 일이다. 독자들이 '한국 주식도 살 만하다'라는 깨달음을 얻는다면 나는 가장 큰 보람을 얻을 것이다.

한국은 '삼성전자 & SK하이닉스'

해외 투자에 관심 있는 미국 친구들이 내게 자주 묻는다.

"삼성전자랑 SK하이닉스 주식은 미국에서 어떻게 사?"

한국 투자자들에게는 낯선 질문일 수도 있다. 한국인들은 미국 증시에 상장된 테슬라, 엔비디아, 팔란티어 등 기업의 주식을 자유롭게 거래할 수 있으니까 말이다. 미국에서는 다

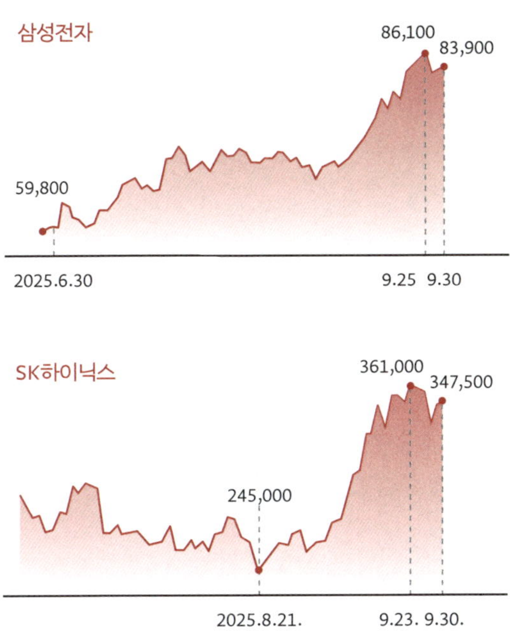

삼성전자와 SK하이닉스 주가 변화(단위:원)

르다. 미국 증시에 상장되어 있지 않은 삼성전자와 SK하이닉스 종목을 미국 개인 투자자들이 직접 사서 투자하는 방법은 사실상 없다. 미국인들이 한국을 대표하는 반도체 기업에 투자하고 싶을 때 고를 수 있는 선택지는 하나다. 한국 시장 전체를 담은 ETF인 아이셰어**iShare**의 'EWY **Ishares Msci South Korea ETF**' 같은 상품을 사는 것이다. EWY 종목 구성을 보면 삼성전자(약 24%)와 SK하이닉스(12%)가 전체의 36%를 차지한다. 한국 주식 투자에서 이 두 회사의 비중이 3분의 1을 훌쩍 넘는 것이다. 미국 투자자에게 '한국 = 삼성전자 & SK하이닉스'라는 생각은 거의 공식처럼 여겨진다.

2025년 코스피 랠리의 중심에도 삼성전자와 SK하이닉스가 있었다. 특히 하반기 들어 메모리 반도체 호황 사이클이 본격화할 것으로 예상되면서 두 회사의 주가는 2025년 9월 한 달에 각각 20%, 29% 상승했다. 같은 기간 코스피 지수 상승률(7.5%)을 크게 웃돈다. D램 반도체 재고가 역대 최저 수준을 기록하며 반도체 슈퍼사이클이 본격화될 것이라는 전망에 국내 증권사들은 연달아 목표 주가를 올렸다.

삼성전자는 테슬라와 칩 위탁 제조 계약 체결, 텍사스 반도체 공장 건설 등 미국 내에서 사업 확대를 발표하면서 현지 투자기관들의 리포트에 반복적으로 등장하고 있다. 2025년 한국을 방문한 오픈AI CEO 샘 알트먼은 삼성전자와 SK그룹과 협약을 맺고, 이들이 미국이 추진하는 대규모 인프라 구축 사업인 스타게이트 프로젝트 참가한다는 소식을 발표했다.

미국의 초대형 인프라 구축 사업인 스타게이트 프로젝트는 약 700조 원 규모로 세계 최대의 AI 센터를 만드는 사업이다. 오픈AI는 스타게이트 프로젝트를 위해 HBM 반도체 등 월 최대 90만 장의 고성능 D램이 필요하다고 보며, 삼성전자와 SK하이닉스는 이를 생산·공급할 예정으로 알려졌다.

최근 미국 빅테크 기업들과의 연이은 협업은 삼성전자와 SK하이닉스가 왜 한국 대표주인지 보여준다. 삼성전자는 메모리뿐 아니라 파운드리, 스마트폰, 디스플레이까지 걸친 '종합 반도체 기업'으로, 미국 투자자에게는 TSMC와 함께 글로벌 공급망의 한 축으로 인식된다. SK하이닉스는 엔비디아의 주요 파트너로 자리 잡으며 AI 관련 뉴스에 반복적으로 등장하고 있다.

결국 글로벌, 그리고 미국 투자자들은 개별 한국 기업에 투자한다기보다 글로벌, AI 반도체 사이클에 투자하는 것이라 보아야 한다. AI 데이터센터 확장이라는 테마에 투자할 때 엔비디아, 브로드컴 등과 함께 이들의 성장 파트너로 삼성전자와 SK하이닉스에 동시에 투자하는 효과를 노리는 것이다.

외국인 투자자들이 한국 시장에서 가장 먼저, 그리고 가장 많이 사는 종목은 이미 정해져 있다고 해도 좋다. 삼성전자와 SK하이닉스 같은 초대형 반도체주가 글로벌 AI와 반도체 공급망의 중심에 서 있기 때문에 외국인 포트폴리오에서 압도적인 비중을 차지한다.

이런 면에서, 개인 투자자들에게 필요한 전략은 '남들이 모르는 숨은 종목'을 찾는 것이 아니다. 전 세계 기관 투자자가 이미 인정하고 매수하는 대형주를 통해 글로벌 AI 사이클에 동승하는 것이 훨씬 안전하고 합리적이다. AI 데이터센터, 엔비디아, 마이크로소프트, 오픈AI 같은 미국 빅테크 기업의 성장 서사를 믿는다면, 그 그림자 파트너인 삼성전자와 SK하이닉스를 함께 믿는 것이 당연하지 않은가.

효율이 수요 폭발로 이어지는 순간

AI 시대에 인프라 투자가 중요한 이유를 이야기할 때 빠지지 않는 개념이 경제학의 고전적인 개념인 '제번스의 역설**Jevons Paradox**'이다.

19세기 영국 경제학자 윌리엄 제번스는 석탄 효율이 개선될수록 오히려 석탄 소비량이 더 빠르게 늘어난다는 사실을 관찰했다. 석탄을 사용하던 초기에는 기술 발전과 더불어 효율이 개선되면서 소비량이 일정하게 유지되었다. 그러나 효율이 더욱 높아지고 사용처가 늘어나며 가격까지 내려가자, 결국 수요가 기하급수적으로 늘어나 효율 증가를 앞질러버렸다.

19세기에는 석탄이 그랬다면, 20세기에는 LED가 제번스의 역설을 증명했다. LED는 백열등이나 형광등보다 월등히 에너지 효율이 높아 도입 초기에는 '전력 사용량이 크게 줄어들 것'이라는 기대가 컸다. 그러나 LED 가격이 떨어지고 수명이 길어지자, 가정과 사무실은 물론 자동차, 가로등, 장식 조명까지 곳곳에서 사용처가 폭발적으로 늘었다. 에너지 효율의 향상이 전력 사용량을 줄이기는커녕 전 세계 전력 사용량을 오히려 끌어올린 것이다.

21세기에는 이 역설이 AI 인프라에서 되풀이되고 있다. AI 반도체의 연산 효율은 세대가 바뀔 때마다 비약적으로 개선되고 있다. GPU와 TPU는 더 많은 파라미터를 더 빠르게 처리할 수 있게 되었고, HBM 같은 첨단 메모리는 기존 D램 대비 훨씬 높은 효율을 자랑한다. 처음에는 '효율이 이렇게 높아졌으니 필요한 서버 수는 줄어들 것'이라는 기대가 있었다.

실제로 2025년 초 중국의 딥시크가 등장했을 때, 값싼 AI 모델이 전력 수요를 줄일 것이라는 해석이 나오자, 미국 증시의 전력주가 20% 가까이 급락하는 일도 있었다. 효율화가 에너지 수요를 줄일 것이라는 기대 때문이었다. 그러나 결과는 달랐다.

2022년 공개된 챗GPT는 3년 만에 7억 명이 넘는 사용자를 모았다. 이는 곧 더 많은 데이터를 처리해야 한다는 의미였다. 데이터센터는 서버 수천, 수만 대를 24시간 가동한다. 서버는 돌아가며 칩 연산과 냉각에 엄청난 전기를 소비한다. 특히 고성능 칩을 대규모로 장착한 AI 데이터센터는 일반 데이터센터보다 훨씬 더 많은 전력을 필요로 한다. 2023년에 이미 미국 데이터센터의 전력 사용량은 뉴욕주 전체의 전력 사용량과 맞먹고 한국 전체 연간 사용량의 2배에 달하는 규모였다.

골드만삭스는 2030년까지 AI로 인해 전 세계적인 전력 수요가 약 160%, 즉 2.5배 넘게 증가할 것으로 전망하기도 했다. 개인 이용량 증가는 물론이고, AI의 원가 절감이 기업의 AI 도입 가속화로 이어진다는 논리다.

빠르게 늘어나는 AI 수요를 따라잡기 위해 빅테크 기업들은 너도나도 AI 인프라 투자에 나서고 있다. 메타는 스페인과 텍사스에 5기가와트급 데이터센터 설립을 발표했는데, 그 규모가 뉴욕의 맨해튼 면적과 비슷한 것으로 알려졌다. 또, 오픈 AI가 설립을 발표한 10기가와트급 데이터센터의 규모는 뉴욕시 전체 면적과 비슷하다.

데이터센터가 늘어날수록 더 많은 GPU와 HBM 메모리가 필요하다. 그리고 그 핵심 공급자가 바로 삼성전자와 SK하이닉스다. 실제로 2025년 하반기 두 회사의 주가가 코스피 상승률을 훨씬 웃돈 것은 단순한 반도체 업황 때문만이 아니라,

글로벌 AI 인프라 투자와 직결된 기대감 덕분이었다.

이들의 주가 상승은 단발적 테마와는 성격이 다르다. 'AI 효율화 → 수요 폭발 → 반도체 수요 구조적 증가'라는 메가트렌드 속에서 반도체 기업들은 장기적 성장 궤도에 올라설 가능성이 크다. 수천억 달러 규모의 데이터센터를 건설 중인 글로벌 빅테크 기업들에 삼성전자와 SK하이닉스는 없어서는 안될 공급망 파트너다. 그렇기에 글로벌 투자자들이 한국 시장에서 가장 먼저, 가장 많이 담는 종목이 삼성전자와 SK하이닉스일 수밖에 없는 것이다.

AI 인프라, 어디에 투자할 것인가

실리콘밸리에서는 AI 인프라 관련 유망 투자 분야로 에너지 전환 기술과 전력 조달 솔루션이 주목받고 있다. 빅테크 기업들이 앞다투어 데이터센터 전력 확보에 나서면서, 최근에는 미국 에너지부가 대형 데이터센터 허가 시 자체 전력 확보 계획을 요구할 것이라는 전망까지 나오고 있다.

전력 확보는 단순한 전력 생산만의 문제가 아니라 송전까지 포함된다. 미국의 낡은 송전망은 발전소에서 생산된 전력을 장거리로 전송하는 데 큰 제약이 된다. 이 때문에 데이터센터 인근에 태양광 발전소, 연료전지, 소형 모듈 원자로와 같은 분산형 발전소를 설치하려는 시도가 늘고 있다. 이러한 데이터센터 근접 발전On-Site Generation은 전력망 의존도를 줄이고 자체적으로 안정적인 전력을 확보하기 위한 전략이다.

전력 확보의 또 다른 방법은 전력구매계약Power Purchase Agreement, PPA이다. 발전소 건설 부담이 큰 빅테크 기업들은 10~25년 장기 PPA 체결을 통해 안정적인 전력을 확보하려 하고 있다. 최근에는 사모펀드, 연기금 등이 PPA 프로젝트에 투자하면서 PPA는 단순한 계약을 넘어 투자자산으로 발전하고 있다. 기존 PPA가 단순히 발전소와 전력 구매계약 체결에 그쳤다면 최근에는 저장·송배전 기술까지 포함한 통합형 PPA로 진화하는 추세다.

이 가운데 특히 주목받는 것은 태양광 발전이다. 건설 속도가 빠르고 초기 비용이 저렴하며 유지비가 거의 들지 않는다는 장점 덕분에 데이터센터 증설과 함께 태양광 수요는 가파르게 늘고 있다. 실제로 실리콘밸리의 여러 빅테크 기업들은 대규모 태양광 PPA를 체결하며 전력 수급 리스크를 줄이려 하고 있다.

그러나 태양광은 낮에만 가능하다는 한계를 가진다. 따라서 해법은 저장 기술에 달려 있다. 현재 상용화된 배터리의 저장 시간은 대부분 몇 시간 수준에 불과하다. AI 데이터센터에는 최소 12시간 이상의 장기 저장 기술이 필요하다. 실리콘밸리 투자자들이 '12시간 스토리지'를 향후 10년간 가장 유망한 AI 인프라 테마로 꼽는 이유다. 효율적 저장 없이는 AI 확산에 필요한 전력 생태계가 완성될 수 없기 때문이다. 이 흐름에서 한국 기업의 역할도 결코 적지 않다.

AI 인재 전쟁의
서막

AI 시대에 인프라 못지않게 중요한 것이 있다. 바로 'S급 인재 확보'다. 2025년 메타가 세계 최고 AI 인재들에게 수억 달러의 파격 보상을 제시했다는 소식은 실리콘밸리를 충격에 빠뜨렸다. 2001년생 매트 데이트케**Matt Deitke**에게 메타가 1억 2,500만 달러(약 1,800억 원)의 연봉을 제안한 것이다. 그런데 첫 제안이 거절당하자 메타 설립자 마크 저커버그가 직접 나서서 기존 금액의 2배인 2억 5,000만 달러(약 3,600억 원)를 제

매트 데이트케와 마크 저커버그(출처: 〈이코노믹타임스〉)

시해 합의했다는 사례도 보도되었다.

이 같은 천문학적 연봉을 받고 이직하는 이들은 성공한 AI 스타트업 CEO 출신, 초기 AI 서비스 핵심 연구자 등 다양하다. 메타의 초공격적 채용은 몇 달 만에 종료됐지만, AI 인재가 반도체나 데이터센터 못지않게 기업의 핵심 자산임을 보여주기에는 충분했다. 슈퍼급 인재가 아니더라도 상위 엔지니어들의 몸값은 이미 연봉 수백만 달러와 수천만 달러의 스톡옵션으로 치솟았다.

과도해 보이는 이 액수는 빅테크의 투자 규모와 비교하면 사실 그다지 높지 않다. 2025년 한 해에만 메타는 600~650억 달러, 구글(알파벳)은 850억 달러를 AI에 쏟아붓는다. 그 속에서 핵심 인재 한 사람이 줄여주는 개발 시간과 프로젝트 성공률은 스타트업 인수나 대규모 R&D 투자보다 훨씬 효율적인 투자라는 주장이다.

무엇보다 AI 인재의 성과는 곧 지적 재산으로 축적된다. 오픈AI가 GPT-4 기반 API 서비스 하나로 연간 수억 달러 매출을 올리는 것이 대표적이다. 모델 성과 자체가 기업 가치에 반영되는 시대인 만큼, 메타 같은 빅테크 기업은 자사가 보유한 페이스북·인스타그램·메신저·왓츠앱 생태계 전반에 AI를 적용해 막대한 수익 극대화를 노릴 수도 있다.

사실 실리콘밸리에는 오래전부터 '스타 개발자' 중심의 불균형 임금 분포가 존재했다. 하지만 AI 분야에서 이 양극화는 더욱 극단적이다. 과거 테크 직군에서는 상위 5%가 전체 임금의 20% 이상을 차지했다면, AI에서는 상위 1% 연구자가 나머지 90%보다 더 많은 보상을 챙기는 구조가 형성되고 있다.

그렇다면 한국은 어떨까? 미국과 중국에 이은 '세계 3등 AI 강국'을 꿈꾸지만, 현실은 녹록지 않다. 최근 몇 년간 일부 실리콘밸리 AI 인재가 한국 대기업에 영입되기도 했지만, 상당수가 오래 머물지 못하고 다시 돌아갔다. 글로벌 인재 전쟁에서 한국 기업이 직면한 한계를 여실히 보여주는 대목이다.

코스피의 새로운 엔진,
AI 인프라와 인재

글로벌 빅테크 기업들이 주도하는 AI 인프라와 인재 전쟁은 한국 기업들에 새로운 기회를 안겨준다. 특히 2차전지, 에너지 저장 시스템 분야에서 세계적인 경쟁력을 보유한 한국 기업들은 차세대 AI 기술의 수요가 증가할수록 더 큰 성장 모멘텀을 가지게 될 것이다.

AI 시대의 경쟁은 단순히 데이터센터나 반도체 같은 하드 인프라를 넘어선다. 이를 실제로 움직이는 것은 결국 사람이다. 전력 확보, 저장 기술, PPA와 같은 투자가 AI의 물리적 토대라면, 세계적 수준의 연구자와 엔지니어 확보는 그 토대를 혁신으로 연결하는 지적 엔진이다.

미국과 중국은 이미 천문학적 보상과 연구 자율권을 무기로 인재 전쟁을 격화하고 있다. 한국이 'AI 3강'을 꿈꾼다면 전력 인프라와 같은 에너지 생태계 투자와 동시에 인재 투자를 병행해야 한다. GPU와 데이터센터에 수십억 달러를 쏟아붓더라도 그 위에서 작동할 사람을 확보하지 못한다면 성과는 반쪽짜리에 그칠 수밖에 없다.

흥미롭게도 트럼프 행정부의 강경한 이민 정책은 한국 같은 국가에 역설적인 기회를 제공한다. 최근 미국 명문대 AI 연구소들은 비자 문제로 입국하지 못하는 석박사 학생들 때문에 어려움을 겪고 있다. 미국 학자들은 "현재 미국의 AI 주도권은 수십 년간 이민자 출신 연구자들의 성과 덕분"이라며 안타까워한다. 이제는 그 구조가 흔들리고 있다. 과거에는 최고 수준의 한국 공대 학생들이 박사 진학을 위해 미국으로 향하는 것이 당연했지만, 이제는 더 이상 쉽지 않다. 한국에 우수 인재가 유입될 수 있는 기회다.

'케데헌' 열풍과 엔터주 하락, 코스피의 고질적 문제

애니메이션 〈케이팝 데몬 헌터스〉 OST가 빌보드 글로벌 차트 1위에 오르며 '케데헌 열풍'을 불러일으켰던 2025년 여름, 코스피의 대표 엔터주들은 오히려 10% 넘는 하락세를 기록했다. 2025년 7월 한 달 동안 하이브는 17% 이상, SM은 12% 이상, YG는 14% 이상 빠졌다. 기관 투자자들은 하이브 주식을 2,500억 원 넘게 순매도했고, 다른 엔터주 역시 대규모 매도했다.

한국 주요 엔터 기업들

한류의 글로벌 인기가 주가로 곧바로 이어지지 않는 이유는 엔터주 고유의 구조적 취약성에 있다. 실적이 특정 앨범, 드라마, 투어의 흥행 여부에 크게 좌우되고, 중국의 한한령, 해외 판권, 저작권 규제 같은 외부 변수도 성과에 직접적인 영향을 미친다. 여기에 최근 SM 인수전이나 하이브 내분 사태에서 보듯 지배 구조와 경영권 분쟁이 반복적으로 불거지는 점 역시 외국인 투자자들에게는 치명적인 리스크로 인식된다.

물론 높은 변동성만큼 단기 급등의 기회도 존재한다. 실제로 2025년 상반기에는 트럼프 정부의 관세 정책에 상대적으로 영향을 덜 받고, 이재명 대통령 당선과 한·중 관계 개선 기대가 더해지며 YG가 상반기에만 107.86% 상승했고, SM(86.51%), 하이브(59.77%) 역시 두 자릿수 이상의 급등세를 보였다. 그러나 불확실성이 지나치게 크고, 무엇보다 외국인 투자자들이 가장 예민하게 바라보는 지배 구조와 규제 리스크에 과도하게 노출돼 있다는 점에서, 장기 투자처로 평가받기에는 한계가 뚜렷하다.

이는 장기적인 AI 상승 사이클 속에서 기술력과 투명한 지배 구조를 바탕으로 신뢰를 쌓아온 삼성전자와 SK하이닉스 같은 대형 기술주와 극명하게 대비된다.

네이버와 카카오, 엇갈리는 주가 행보

삼성전자와 SK하이닉스가 전통적인 코스피의 대표주라면 성장주의 상징은 네이버와 카카오다. 한때 국내 주식시장에서 '미운 오리 새끼' 취급을 받던 이른바 '네카오'는 이재명 정부 출범 이후 AI 정책 기대감에 힘입어 반등했다. 그러나 2025년 들어 두 회사의 주가 흐름은 완전히 다른 양상을 보이고 있다.

네이버는 국내 최대 코인 거래소 업비트를 운영하는 두

나무를 계열사로 편입한다는 소식에 주가가 가파르게 상승했다. 두나무의 블록체인·암호화폐 운영 노하우와 네이버의 슈퍼앱(검색, 쇼핑, 페이, 웹툰)이 결합하면서, 테더(미국 달러 고정 가상화폐)에 견줄 수 있는 원화 스테이블 코인 생태계가 가능하다는 기대가 커졌다. 스테이블 코인이 네이버페이와 연동되면 결제 기반 확대, 예치금 운용 수익, 대출 서비스까지 연결될 수 있다. 이는 단순 실적 개선을 넘어, 네이버가 플랫폼 기업을 넘어 핀테크·블록체인 금융사로 변신한다는 내러티브에 투자자들이 반응한 결과다.

반면 카카오는 정반대의 길을 걷고 있다. 2025년 9월, 15년 만에 단행한 카카오톡 대규모 개편은 기대와 달리 이용자 불만만 키웠다. 친구 목록 UI 변경, 프로필 피드화, 숏폼 탭 추가 등 인스타그램식 업데이트가 메신저 본연의 기능과 거리가 있다는 혹평이 쏟아졌다. 그 결과 9월 23일 하루 동안 주가는 6% 넘게 급락하며 6만 원 선이 무너졌다. 여기에 창업자 김범수 위원장의 SM 시세조종 혐의라는 사법 리스크까지 겹쳤다. 만약 유죄 판결이 내려질 경우, 카카오 법인까지 벌금형이 적용돼 카카오뱅크의 대주주 지위가 흔들릴 수 있다는 우려도 나온다.

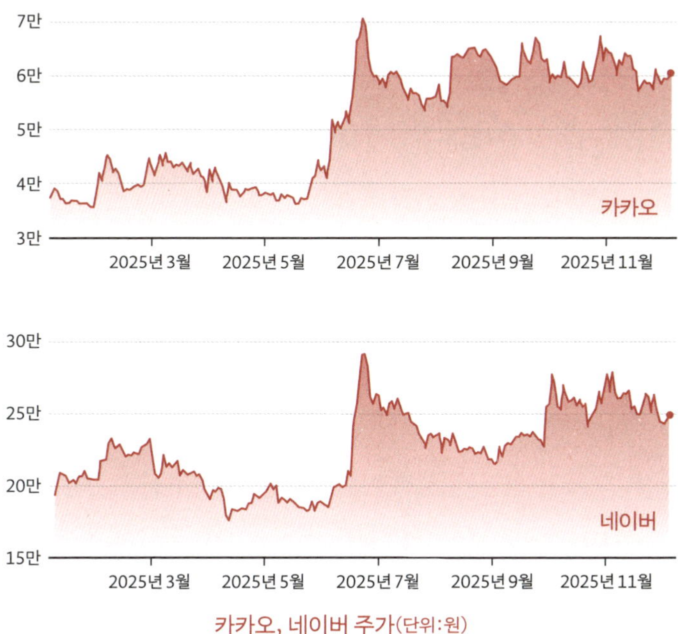

카카오, 네이버 주가(단위:원)

이 두 종목은 모두 외국인 투자자 보유 비율이 높다. 네이버는 약 40%, 카카오는 30% 수준이다. 그러나 외국인들이 민감하게 보는 지배 구조·규제 리스크는 카카오의 매수를 주저하게 만드는 요인으로 작용한다. 반면 네이버는 외국인들의 선호도가 높다. JP모건은 2025년 6월 보고서에서 네이버를 새 정부의 '소버린 AI' 정책 최대 수혜주로 꼽았다.

"정부의 100조 원 AI 투자 계획의 핵심 실행 인물로 하정 우 네이버 클라우드 AI 이노베이션 센터장이 대통령실 AI 미래기획 수석에 임명돼 네이버의 정책 수혜 가능성이 높 아졌다.

정책 핵심은 AI GPU·데이터센터 인프라를 조기에 확보 하는 것인데, 네이버는 뉴로 클라우드라는 정부·공공기 관 AI 인프라 협력 사례를 확보했다."

JP 모건 보고서, 2025.6.17.

이 보고서가 발표된 직후 네이버 주가는 하루 만에 17.9% 급등했고, 외국인 투자자금 1,700억 원, 기관자금 1,100억 원 이 몰리며 시가총액이 6조 원 불어났다.

다만 외국인들의 시선도 일방적이지는 않다. 한 달 뒤 골 드만삭스는 네이버 목표 주가를 하향 조정하며, 카카오의 AI 검색 서비스가 네이버의 검색 독점을 위협할 수 있다는 분석 을 내놓았다.

결국 네카오 주식의 향방은 AI 사업의 성패에 달려 있다. 네이버와 두나무의 협업이 시장 기대처럼 구체적 성과로 이어 질지, 카카오의 AI 프로젝트들이 실제 신규 매출을 창출할 수 있을지에 외국인 투자자들의 시선이 집중되고 있다.

K-푸드의
글로벌 전쟁터

삼양식품: 외국인의 '최애' 투자처

외국인 투자자들이 2025년 상반기 가장 집중적으로 매수한 대표적인 종목이 삼양식품이다. 2024년 삼양식품은 창사 이래 최대 실적을 기록했다. 매출은 전년 대비 45% 증가했고, 영업 이익은 무려 133% 늘어나 사상 처음으로 3,000억 원을 돌파했다.

매출의 1등 공신은 해외시장이었다. 삼양식품 매출의 4분의 3 이상이 해외에서 발생했고, 그 비중은 계속 확대되고 있다. 국내 라면 시장에서는 농심에 밀려 1등이 아니었지만, 해외에서는 달랐다. 불닭볶음면을 앞세워 글로벌 시장에서 K-라면의 선두 주자로 입지를 굳힌 것이다. 당연히 주가도 반응했다. 2025년 들어서만 50% 가까이 급등하며 100만 원을 돌파, 농심을 제치고 라면 업계 시가총액 1위에 올랐다.

삼양식품의 미국 내 사업 전망은 여전히 밝아 보인다. 가장 인기 있는 제품은 '까르보 불닭볶음면'이다. 코스트코, 월마트, 세이프웨이 등 주요 유통망에 대거 입점했고, 소비자들의 자발적 바이럴 마케팅이 이어지면서 초기 아시아계 고객층을

불닭볶음면 라인업

넘어 다양한 인종으로 확산하고 있다.

이제 미국에서 한국 라면은 더 이상 특별한 한국 식품이 아니다. 불과 10년 전만 해도 현지 식료품점에서 신라면을 발견하면 반가웠지만, 이제는 동네 코스트코에만 가도 불닭볶음면, 우동, 육개장 등 한국 기업 제품이 5종 이상 대용량 패키지로 진열되어 있다.

불닭볶음면의 브랜드는 단순히 라면을 넘어 소스로 확장됐다. 미국인들이 파스타, 고기, 샐러드 등 다양한 요리에 활용할 수 있도록 만든 '불닭 소스'는 미국 최대 아시아 외식 브랜드 판다익스프레스의 신메뉴 '다이너마이트 스윗 앤 사워 치킨'에 적용되기도 했다. 매운맛을 즐기는 MZ세대 소비자들

미국 까르보 불닭볶음면 역조공 이벤트(왼쪽)와
미국 래퍼 카디 비가 틱톡에 올린 까르보 불닭볶음면 영상(오른쪽)

에게 불닭 소스는 제대로 먹혀들었다.

다만, 고공 행진한 주가는 고평가 논란도 불러왔다.
2025년 연 환산 기준 PER은 25~30에 달하며, 이미 성장주
프리미엄과 기대감이 충분히 반영된 것이 아니냐는 의문도 제
기되고 있다.

농심: 왕년의 강자, 구조적 한계에 부딪히다

미국에서 매운맛의 상징이 불닭볶음면이라면, 한국에서
매운맛의 대명사는 신라면이었다. 하지만 최근 농심의 실적
은 부진하다. 2024년 영업이익이 전년 대비 23% 감소하며 삼
양식품에 업계 1위를 내줬다. 내수 소비 둔화에 따른 판촉비

부담, 환율 상승으로 인한 원재료비 증가가 맞물리면서 수익성이 악화한 것이다.

규모는 여전히 삼양식품보다 크지만, 영업이익률은 5%에도 못 미친다. 20%가 넘는 삼양식품의 영업이익률과 대비된다. 삼양식품은 단일 브랜드(불닭볶음면)에서 소스, 스낵 등으로 라인을 확장하며 집중 전략을 펼친 반면, 농심은 라면·스낵·음료까지 다양한 제품을 아우르는 수직계열화 구조다. 이 구조가 해외 진출에는 오히려 비효율로 작용한다는 평가다.

해외 성장 부재는 주가에 반영됐다. 2025년 들어서도 하락세가 이어지며 PER은 15~16, PBR은 1 이하로 떨어졌다. 외국인 투자자들은 '왕년의 강자가 신라면 이상의 무언가를 보여줄 수 있을 것인가?'라는 질문을 던지고 있다.

오리온: 꼬북칩으로 '제2의 초코파이'를 노리다

오리온은 농심과 삼양식품 사이 어딘가에 있다. 해외 매출 비중이 높아 2024년 실적은 양호했지만, 영업이익률은 하락세를 보이며 주가는 지지부진하다.

미국 시장에서는 꼬북칩이 두각을 드러냈다. 코스트코에 대용량으로 입점하면서 네 겹의 독특한 식감과 다양한 맛으로 초코파이를 잇는 K-스낵으로 성장하고 있다. 그러나 성장세가 삼양식품만큼 폭발적이지 못하고, 수익성 역시 제한적이다. 외국인 투자자들은 '흥행 상품은 보이지만, 성장 서사의 힘은 부족하다'라고 본다.

풀무원: 미국을 장악한 두부의 제왕

미국인들이 가장 사랑하는 한국 음식 중 하나는 '순두부'다. 한국에서 김치찌개와 된장이 국민 식품이라면, 미국에서는 순두부가 건강식·비건 식품의 대명사가 되었다. 특히 캘리포니아주 어느 도시에 가도 한국식 '두부집Tofu House'를 쉽게 볼 수 있다. 돼지고기, 소고기는 물론 치킨, 해물 등 다양한 토핑을 추가할 수 있고, 매운맛의 정도도 선택할 수 있게 옵션을 제공한다.

찌개용·부침용 두 가지 두부가 전부인 한국과 달리 미국의 두부 라인업은 훨씬 다양하다. 볶음 요리에 활용하기 위해 한국 두부보다 2배 이상 단단한 슈퍼 펌 두부, 단백질 함량을 2배 가까이 높인 하이 프로틴 두부, 샐러드 토핑용으로 정육면체로 자른 큐브 두부 등이 대표적이다.

이런 두부와 식물성 제품을 기반으로 미국 시장에 안착한 회사가 풀무원이다. 풀무원 미국지사는 2016년 당시 미국 두부 1위 브랜드였던 나소야Nasoya를 인수한 뒤, 10년 가까이 압도적인 75% 점유율을 유지하며 미국 두부 시장의 절대 강자로 자리매김했다.

풀무원은 두부를 통해 쌓은 신선식품 취급 노하우를 바탕으로 생면·김치 시장에도 진출했으며, 비건·건강식 열풍 속에서 식물성 대체육 시장에서도 존재감을 강화하고 있다. 실제로 코스트코 냉장식품 코너에는 풀무원의 볶음 우동, 잡채, 만두가 항상 자리 잡고 있다

다만 풀무원은 낮은 영업이익률과 높은 내수 의존도(80%) 때문에 투자 매력도가 삼양식품·오리온 대비 크게 떨어진다는 평가를 받는다. 그럼에도 미국 중심의 해외 사업은 꾸준히 성장세를 이어가고 있어, 투자자들은 여전히 기대를 품고 있다.

CJ: 이미 거인이 된 한국 식품 기업

CJ는 이미 미국에서 종합 식품 대기업으로 자리 잡았다. 2010년 비비고 브랜드를 처음 미국에 런칭한 후 불과 15년 만에 미국 시장 순매출은 약 4조 원에 달할 정도로 성장했다. 특히 비비고 만두는 2016년 중국 브랜드 링링 **Ling Ling**을 제치고 미국 만두 시장 1위에 오른 뒤, 8년 연속 45%라는 압도적인 점유율을 유지하고 있다.

미국 코스트코에 가면 아예 냉동고 한 칸을 비비고 만두가 차지하고 있다. 소불고기 만두는 스테디셀러이고, 치킨&야채 군만두, 치킨&실란트로(고수) 미니 완탕 등 한국에서는 보기 힘든 현지화된 라인업이 눈에 띈다. 지난해만 미국에서 비비고 만두는 1,700만 개가 팔렸고, 틱톡에서 '#bibigo' 해시태그는 조회 수 2억 5,000만 회를 돌파했다.

CJ 관계자들은 비비고 만두의 성공 비결을 철저한 현지화 전략에서 찾는다. 돼지고기나 부추 대신 치킨과 고수를 넣은 만두는 한국인 입맛에는 생소하지만, 현지 소비자들에게는 폭발적인 인기를 끌었다. 또 중국식 만두의 두꺼운 피 대신 얇은 피와 채소 중심 만두소로 건강 이미지를 강조했고, 고기 소비에 민감한 미국 소비자들을 고려해 간 고기 대신 잘게 썬 고기를 사용하는 세밀한 현지화도 주효했다.

마케팅 전략도 성공적이었다는 평가다. CJ는 NBA 명문 구단 LA 레이커스와 협업해 글로벌 인지도를 높였다. 전 세계 수억 명의 팬과 6,000만 명 이상의 소셜미디어 팔로워를 보유한 레이커스의 선수 유니폼과 경기장 곳곳에 비비고 로고가 노출되면서, MZ 세대를 중심으로 브랜드 인식이 폭발적으로 늘어났다.

최근에는 만두를 넘어 떡볶이, 핫도그, 치킨 등으로 제품

군을 확장했다. 햇반은 신라면과 함께 미국 마트에서 오래전부터 판매되던 한국 대표 제품인데, 이제는 오곡밥, 현미밥 햇반 같은 하이브리드 제품도 보이고, 풀무원처럼 비건 대체육 식품도 함께 진열되어 있다. 이제 한국 마트를 가지 않아도 코스트코에서 다양한 한국 음식을 장바구니에 담을 수 있는 시대가 된 것이다.

CJ 주가는 아쉽게도 이런 미국 식품 시장에서의 성공과는 반대로 가고 있다. 2025년 기준으로 CJ 주가는 계속 하락해 2019년 수준으로 되돌아간 상태다. 매출·영업이익·당기순이익 모두 감소하며 증권사들의 목표 주가도 잇따라 하향 조정됐다.

이 괴리는 식품 외 사업 부진 때문이다. CJ는 식품 외에도 바이오, 사료 부문을 보유하고 있고 내수 식품 비중도 크다. 내수 소비 둔화, 원가 상승, 바이오 사업 부진이 발목을 잡은 것이다. 실제로 CJ의 미국 식품 매출은 전체의 3분의 1도 되지 않는다.

이런 점에서 CJ 주가는 역설적으로 저평가 매력이 있다는 분석이 나온다. 삼양식품의 불닭볶음면, 오리온의 꼬북칩처럼 단순·명료한 성장 서사를 가진 기업들과 달리, CJ는 '비비고 만두의 글로벌 1위'라는 성과가 이미 일상화되어 시장에서 새롭게 주목받지 못하는 측면이 있다. 하지만 미국에서 부동의 만두 1위 브랜드를 보유하면서도 주가가 2019년 수준에 머물러 있다는 사실은, 오히려 장기 투자자에게 저점 매수 기회일 수 있다.

외국인이 원하는 조건, '면비디아 삼양식품'

삼양식품, 오리온, CJ, 풀무원 등 많은 주식 가운데 외국인들이 삼양식품을 매수하는 이유는 무엇일까?

첫째, 명확한 성장 서사가 있다. 2일 〈월스트리트저널〉은 삼양식품 주가가 최근 3년간 1,600% 폭등한 사실을 집중 조명하며 "삼양식품은 '면비디아 Myunvidia'라 불린다"라고 소개했다. CJ의 복잡한 식품·바이오 사업 혹은 풀무원의 '두부 + 김치 + 급식'의 복합 사업에 비해 단순하고 명확한 성장 서사가 외국인 투자자들에게 먹힌 것이다.

둘째, 지표로 확인된 성장이다. 2025년 상반기 삼양식품의 영업이익 성장률, 영업이익률은 농심, CJ, 풀무원 등과 비교하기 어려울 만큼 높다. 삼양식품은 급증하는 수요에 맞춰

밀양 공장 가동 등 생산력 확대에도 속도를 내고 있다.

셋째, 확장 가능성이다. 삼양식품의 밸류에이션이 높다고는 하지만, 적어도 미국 내에서 K-푸드의 침투율은 아직 낮고 얼마든지 높아질 수 있다. 〈케이팝 데몬 헌터스〉의 성공과 GenZ 세대의 바이럴은 일상에서도 느낄 수 있다.

미국에서 K-푸드 인기는 계속 올라갈 것이다. 홈파티를 할 때 김밥을 만들어달라는 요청이 쏟아진다고 엄마들이 불평을 한다. 한국 음식과 불닭 소스 맛을 어릴 때부터 맛본 GenZ 세대들은 앞으로 더 다양한 한국 음식을 일상적으로 즐기게 될 것이다. 한국 음식이라고는 전혀 모르던 미국 변호사 친구가 식품 체인 트레이더조에서 고추장을 사서 파스타를 만들었다는 이야기를 듣기도 한다.

외국인 투자자들은 '넥스트 삼양식품'을 찾을 것이다. 성장주 프리미엄이 반영되었다는 인식, 관세 위험도 있다. 황금주 구간(100만 원 이상)에 진입하면서 삼양식품을 보는 눈도 달라지고 있다. 〈월스트리트저널〉 역시 미국 통상 정책의 불확실성, 중국 내 경쟁 등을 위험 요인으로 꼽았다.

문제는 이런 우려에도 당장은 삼양식품을 대체할 대안이 없다는 것이다. 고평가라고 해도 더 오를 수 있다. 그래서 증권가에서도 'Buy & Hold'라는 의견을 유지하고 있다.

K-뷰티, 글로벌 열풍과
한국 주식시장의 간극

2022년 저자는 한국 보톡스 회사 메디톡스와 휴젤 간의 영업 비밀 침해 소송을 맡았다. 연 6조 원 규모의 미국 보톡스 시장을 놓고 두 한국 회사가 치열한 공방을 벌였는데, 당시 처음으로 이 시장을 접하며 한국 기업들의 기술력에 놀랐다. 미국의 앨러간**Allergan**, 프랑스의 입센**Ipsen**, 독일의 메르츠에스테틱스**Merz Aesthetics**, 중국의 란저우연구소 등 글로벌 탑티어 업체들과 함께 다수의 한국 기업들이 메디톡스, 휴젤, 대웅제약 보톡스 상용화에 성공해가고 있었다.

한국에서는 몇만 원이면 받을 수 있는 보톡스 시술이 미국에서는 수백 달러를 호가한다. 그렇기에 한국 기업들이 미국 시장에 진출할 경우 앨러간의 오리지널 보톡스보다 훨씬 싼 가격으로도 높은 마진을 확보할 수 있었다. 노화가 빠른 백인 인구의 수요 역시 꾸준히 증가하고 있었고, 휴젤과 메디톡스는 FDA 승인을 서두르며 본격적인 글로벌 시장 도전에 나섰다.

다양한 K-뷰티 브랜드가 미국 시장에 진출한 지 오래다. 처음 미국에 왔을 때 눈에 띄던 한국 화장품은 아모레퍼시픽의 설화수 같은 브랜드 화장품이었다. 하지만 이들은 한국 내에서 높은 브랜드 인지도를 갖고 있었음에도 미국에서는 반응이 미지근했다. 고급 백화점에 입점은 했지만 그냥 그걸로 끝인 듯 보였다.

변화의 전환점은 최근 2~3년이었다. '조선미녀 **Beauty of Joseon**' 같은 인디 브랜드가 코스트코 매대에 등장하고, 틱톡·인스타그램에서 한국 화장품을 소개하는 콘텐츠가 폭발적으로 늘었다. 코로나 팬데믹 탓에 피부 트러블을 경험한 소비자들이 늘면서 '가성비와 클린 뷰티'를 내세운 한국 스킨케어 제품이 젊은 소비자들의 선택지가 되었다. 여기에 아마존이라는 강력한 온라인 플랫폼을 바탕으로 신상품들의 유통 진입 장벽도 낮아졌다.

실제로 몇 년 전부터 서울 출장길에 오르면 동료 변호사들이 꼭 들르는 곳이 있다. 바로 '올리브영'이다. 미국에 사는 가족들이 꼭 사다 달라고 부탁한 화장품 때문이다. 이렇게 유입된 실수요자들이 아마존을 통해 반복 구매를 이어가면서 한국 화장품의 판매는 점점 늘어갔다.

이런 실수요자를 중심으로 확산되는 K-뷰티의 덕을 본 것은 대기업이 아닌 인디 브랜드들이었다. 2020년 1억 원이었던 조선미녀 매출은 2021년 30억 원, 2022년 400억 원으

로 급성장했다. 그 밖에도 '스킨1004' '비모뉴먼트' 등 브랜드
의 매출도 증가세를 이어갔다.

이들 인디 브랜드의 숨은 조력자는 ODM(제조업자 개발 생산) 기업들이다. 한국콜마, 코스맥스 같은 회사들이 제품 연구·개발·디자인을 맡아주며 인디 브랜드들이 마케팅과 유통에 집중할 수 있도록 했다. 특히 소량 주문에도 대응하는 유연한 생산 체계 덕분에 자본력이 약한 브랜드들도 쉽게 시장에 진입할 수 있었다. 한국 ODM 기업들은 수십 년간 축적된 기술력으로 유럽·미국 브랜드 대비 절반 수준의 가격에 동등하거나 더 나은 품질의 제품을 생산할 수 있었고, 이는 가성비를 중시하는 젊은 소비자들에게 강력한 무기가 되었다

그러나 이 전략은 아직까지 절반의 성공에 그치고 있다. 수출은 늘었지만 ODM 기업들의 미국 현지 법인은 만성 적자를 면치 못하고 있다. 코스맥스는 미국 진출 후 10년 넘게 적자를 기록 중이고, 한국콜마 역시 손실이 누적되고 있다. 구조조정, 고객사 이탈, 높은 고정비 등이 원인으로 꼽힌다.

결국 K-뷰티의 글로벌 확산이 곧바로 한국 상장사 주가 상승으로 이어지지는 못했다. 브랜드 인지도는 높아졌지만, 구조적 리스크가 여전하다. 인디 브랜드들의 단기 수주로는 높은 고정비와 고객 이탈 위험을 감당하기 어렵다. 따라서

ODM 기업들이 단순한 '보이지 않는 제조사'에 머무르지 않
고, 자체 브랜드 개발과 R&D 투자 강화를 통해 가치사슬 상
단으로 올라서지 않는 한, 한국 화장품 관련 상장사들의 주가
는 본격적인 재평가를 받기 어려울 것이다.

왜 실리콘밸리 인재들은
한국에 왔다가 다시 돌아가는가

실리콘밸리에서 활동하다 최근 한국 대기업에 합류했던 한 박사 출신 AI 엔지니어는 결국 다시 실리콘밸리로 돌아왔다. 그는 구체적인 사례나 회사명을 언급하길 꺼렸지만, 한국 기업이 글로벌 AI 인재를 붙잡기 어려운 구조적 이유에 대해선 "대부분 맞는 얘기"라며 조심스레 동의했다. (다음은 대화 내용을 재구성한 것이다.)

한국행을 선택한
이유와 한계

"한국에 오기로 했을 때 여러 기업에서 오퍼를 받았습니다. 모든 보상 기준으로 실리콘밸리에서 받던 수준과 비교하면 대략 70% 이하였어요. 보상 자체만 보면 큰 경쟁력은 없었지만, '한국 AI 산업을 이끈다는 상징성' '애국심' '한국형 AI 성장 가능성' 같은 비전과 메시지에 끌렸습니다. 하지만 그것만으로는 장기 커리어를 확신하기 어려웠기 때문에 한국행 당시 이미 2~3년 뒤 다시 미국으로 돌아갈 가능성은 열어두려고 했습니다. 완전한 전환이라기보다는 가능성을 테스트하면서 경험을 쌓자는 쪽에 가까웠습니다."

연구 환경과
기업 의사결정

"실리콘밸리에선 연구자가 주제를 제안하고 필요한 자원을 비교적 자유롭게 확보할 수 있어요. GPU나 툴 사용도 연구 목적에 맞춰 신속하게 지원됩니다. 하지만 한국에서는 승인 절차가 많고, '경영진이 정한 문제 해결'에 집중하는 분위기가 강했죠. 새로운 아이디어를 실험하는 데 리스크를 줄이자는 압박이 커서 시도 자체에 제약을 받는다고 느꼈습니다.

한국 기업에서는 기술적 판단보다 직급이나 연차가 우선

하는 경우가 많습니다. 단기 매출 기여로 연결되지 않으면 연구 성과로 인정받기 어렵고, 실패를 '가치 있는 실패**valuable failure**'로 보는 문화도 부족했죠. 연구자가 기술보다 보고서와 내부 설득에 더 많은 시간을 쓰는 것도 익숙해지기 어려운 점이었습니다."

인재 유턴을 가로막는 현실

"실리콘밸리 AI 인재들의 유턴을 위해서는 연봉, 스톡옵션 등 보상도 맞아야 하겠지만, 연구에 대한 자율권과 지원, 그리고 최소 3년 이상의 안정된 연구 환경을 보장해야 할 것입니다. 하지만 현실은 직책만 주고 권한은 주지 않거나, 정치적 의사 결정이 기술적 판단을 덮는 경우가 많습니다. 단기 성과만 요구하고 성과와 보상은 일치하지 않는 경우가 많죠. 이런 구조에서는 글로벌 인재들이 오래 머물기 힘듭니다."

중국과의
비교

"중국에 돌아간 지인과 친구들은 교수직, 연구소장, CTO 같은 간판급 자리와 동시에 미국 수준 이상의 연봉과 스톡옵션을 보장받았습니다. 연구 자원도 아낌없이 지원받고 있는 것 같고요. 한국이 세계 AI 3강을 꿈꾼다면 GPU와 데이터센터 못지않게 사람에 대한 투자가 필요합니다. 보상도 보상이지만, 연구자가 실패를 두려워하지 않고 장기적인 성과를 낼 수 있는 환경이 마련되지 않는 한, 한국행을 택한 인재들은 결국 다시 저처럼 돌아오게 될 겁니다."

5장

코스피 1만,
어떻게 준비할 것인가

시장의 공기는 이미 바뀌었다. 코스피를 둘러싸던 회의론은 힘을 잃었고, 버블을 둘러싼 논쟁과 '박스피'라는 자조 역시 과거의 언어가 되었다. 문제는 더 이상 '가능한가?'가 아니다. 변화는 이미 시작되었다. 이제 시장이 던지는 질문은 단 하나다. '다음 단계는 무엇인가?'

코스피
1만 시대

2025년 6월 즈음 코스피는 약 2,700선 부근에 머무르고 있었다. 당시 저자는 향후 1~2년 안에 코스피가 5,000을 향할 수 있다고 전망하며 이 책의 집필을 시작했지만, 시장의 상승 속도는 내 예상을 훨씬 앞질렀다. 6월 중 코스피는 3,000선을 돌파했고, 9월에는 3,500선에 접근했으며, 마침내 10월 말에는 4,000선을 뚫고 올라섰다. 그러더니 2026년 연초부터 5,000선에 가까이 빠르게 다가섰다.

미국의 금리 인하 기조에 따른 유동성 확대, AI 산업 수요로 촉발된 반도체 경기 회복이 합쳐진 결과였다. 주요 저항선을 돌파할 때마다 한국 반도체에 공급망 전반에 대한 가치 평가가 이뤄졌고, SK하이닉스와 삼성전자의 경쟁력에 대한 긍정적인 시각도 늘어났다.

여기에 이재명 정부가 추진한 상법 개정안 등 주주권 강화 정책도 시장 심리를 크게 바꿔놓았다. 이사 충실의무 강화와 집중투표제 의무화, 감사위원 분리 선출 등으로 기업 지배구조 개선 기대가 커지면서 코리아 디스카운트 해소에 대한 신뢰가 높아진 것이다. 이를 계기로 외국인 투자자들이 대거 유입되며 코스피 시장의 외국인 보유 비중은 34%에 이르렀고, 외국인 보유 시가총액도 1,100조 원을 넘어 사상 최고치를 기록했다.

코스피 지수의 2025년 하반기 상승률은 46%에 달해 미국(14.9%), 일본(29.9%), 중국(18.0%), 대만(29.0%) 등 주요국을 크게 앞섰다. 2026년 상반기 글로벌 주식시장의 빅스타는 단연 코스피라 해도 과언이 아니었다.

이제 불과 몇 달 전만 해도 멀게만 느껴졌던 '코스피 5,000'은 어느새 일상적인 화제로 자리 잡았다. 주요 경제지들도 이를 본격적으로 다루기 시작했고, 인기 유튜브와 개인 방송에서도 앞다투어 전망과 분석이 쏟아졌다. 정부 역시 이를 "저평가되었던 코스피의 정상화 과정"이라고 평가하며 자신감을 드러냈다. 한 여론조사에서는 국민의 약 60%가 "코스피 5,000이 충분히 가능하다"라고 응답하기도 했다. 시장의 분위기는 이미 코스피 회의론에서 벗어나고 있다. 버블 논쟁도, '박스피'라는 자조도 과거형이 되었다. 그렇다면 다음은 무엇인가?

나는 감히 이렇게 말하고 싶다.
"코스피 1만 시대는 온다."
향후 5년, 어쩌면 그보다 더 빠를 수도 있다.
5년 내로 코스피는 1만을 넘긴다.

그래서, 뭘 사면 되나요?

코스피가 오른다는 말에 설득된 사람들은 다음 질문을 던진다. "그럼 뭐 사야 돼?"

그에 대한 내 답은 이렇다.

"그 시장을 통째로 사면 된다. '지수 추종 ETF'가 답이다."

투자업계에서 반복적으로 확인된 정설이 있다. 수익률을 결정하는 세 가지 요소인 자산 배분, 매매 타이밍, 종목 선택 가운데서 실제로 장기 수익률의 대부분(약 80~90%)은 자산 배분에서 결정된다는 것이다. 이것은 단순 통념이나 가설이 아니라, 연기금과 기관 포트폴리오를 분석한 연구에서 실증된 사실이다. 즉, 어떤 종목을 사는지보다 어떤 시장에 올라타 있는지가 훨씬 더 중요하다. 저평가된 코스피 시장에 올라타 있다면 그걸로 충분하다. 종목 선정도, 타이밍도 필요가 없다. 장기 투자를 하라는 이야기다.

저자는 첫 저서《앞으로 3년, 미국 랠리에 올라타라》에서부터 줄곧 장기 분산투자와 ETF 투자를 추천해왔다. 두 번째 저서《실리콘밸리를 보면 미국 주식이 보인다》에서도 기본적인 기조는 빅테크 기업과 나스닥 중심의 '미국 증시' 랠리였다.

'잊어버릴 수밖에 없는'
투자

저자의 스탠퍼드대 MBA 스승님이자 블랙록 **Blackrock**에서 ETF를 최초로 개발한 것으로 유명한 찰스 리 **Charles Lee** 교수는 "좋은 투자란 투자를 한 뒤 그것을 잊고 가족과 좋은 시간을 보낼 수 있는 투자"라고 말한다. 하루 종일 차트를 들여다봐야 하는 투자, 재무제표를 뒤적이며 불안하게 시장 뉴스를 확인해야 유지되는 투자는 개인 투자로서는 이미 실격이다.

앞서 말한 대로 미국 주식시장의 절반 이상은 연기금·퇴직연금·401(k) 같은 개인 장기자금이다. 그 돈은 수십 년 단위로 시장에 머문다. 왜 그럴 수 있을까?

미국 투자자들은 장기적으로 주식시장이 결국 실물 경제와 기업 실적을 따라간다는 사실을 한 세기 동안 경험으로 학습해왔기 때문이다. 닷컴 버블 붕괴(2000), 글로벌 금융위기(2008), 코로나 팬데믹 패닉(2020) 등 주가가 단기간에 폭락한 시기는 분명히 있었다. 그러나 시장은 경제지표와 기업 실적의 펀더멘털을 따라 금방 회복했고, 그 경험이 '미국 시장은 장기적으로 상승한다'라는 사회적 신뢰로 이어졌다. 나는 이제 코스피도 그 길로 가야 하고, 또 갈 수 있다고 믿는다.

10대 시절 IMF 외환위기를 겪었고,

20대에는 서브프라임 금융위기 속의 폭락을 경험했으며,

원화 가치가 급락하면 싼 원화로 한국 기업을 사들이는

외국인 자금이 시장을 흔들던 시절을 트레이딩룸에서 보

냈다.

그 기억이 한국인에게 남긴 트라우마는 분명하다.

하지만 지금의 한국은 그때의 한국이 아니다.

한국은 이제 반도체에서 소프트웨어까지 AI 공급망을 실제로 연결할 수 있는 나라가 되었다. 또, 세계인의 취향을 사로잡는 K-팝, K-드라마, K-푸드를 만들어내는 강력한 문화 수출국이 되었다. 경제 규모는 세계 10위권이며, 문화 브랜드 파워는 오히려 그보다 높게 평가되고 있다. 이런 나라의 주식시장이 다섯 자릿수로 가는 것은 자연스러운 수순이다.

일본의 니케이는 이미 5만 포인트를 돌파했다. 그렇다면 코스피의 1만은 충분히 가능한 숫자다. 중간에 조정이 온다 해도 그것은 외국인 투자자들이 말하듯 저가 매수**buy on dips**의 기회다.

이런 시장에서 장기 수익률을 추구하는 방법은 무엇일까? 지수 ETF를 사놓고 느긋하게 기다리는 것이다.

새로운 시대의
'바이 코리아'

어릴 적 '바이 코리아'라는 슬로건을 자주 들었다. 1997년 IMF 위기 당시 국민이 금을 모아 나라를 살리자던 '금 모으기 운동'과 기업 주가 방어를 위해 직원들의 자사주 매입을 독려하던 시대였다. 모두 우리나라와 '우리 주식시장'을 지키겠다는 마음이 바탕에 있었다.

세월이 흐른 지금, 이 시대의 바이 코리아는 성격이 다르다. 더 이상 가난한 나라를 구하자는 애국 캠페인이 아니다. 한국 시장이 선진국형 주식시장으로 자리 잡았고, 한국 국민이 그 시장을 장기 투자 기반으로 활용할 수 있게 되었다. 한국에는 국민의 미래를 책임질 만한 믿을 수 있는 주식시장이 성장하고 있다.

급여와 은퇴 자금을 삼성전자, SK하이닉스, 네이버, 카카오 같은 한국의 대표적 기술·플랫폼 기업에 맡겨둘 수 있는 시장. 그 몇 년 혹은 몇십 년 동안 믿고 기다릴 수 있는 시장. 그것이 이제 가능해질 것이다.

한국인들의 바이 코리아 열풍은 코스피 시장의 체질도 바꿔놓을 것이다. 아니, 바꿔놓아야만 한다. 코스피 시장이 이른바 '검은 머리 외국인'들에게 휘둘리는 이유는 간단하다. 그들의 보유 비중이 너무 크기 때문이다. 시장은 덩치가 큰 쪽, 그리고 주머니가 깊은 **Deep Pocket** 쪽이 이긴다. 외국인 보유 비중이 줄고 자국민의 장기 투자 비중이 커지면 시장은 당연히 더 안정적으로 바뀐다. 환율 쇼크나 지정학적 뉴스 몇 개에 흔들리지 않게 되는 것이다.

니케이 지수가 4만, 5만을 돌파하는 과정에서도 일본 개인 투자자들의 매수와 장기 보유 문화가 결정적인 역할을 했다. 일본도 한때는 '잃어버린 30년'이라는 말로 절망이 가득했던 시장이었다. 당시 일본 국민은 니케이 지수에 투자하지 않았다. 하지만 지배 구조 개혁과 함께 일본 국민의 자금이 니케이로 유입되기 시작하면서 지수는 다시 상승했다.

내 나라 주식시장은 내가 지켜야 한다.
내 수익률에도 그게 유리하다.
이것이 새로운 시대의 '뉴' 바이 코리아다.

왜 코스피 지수인가, 분산투자의 장점

장기 우상향하는 시장에서 종목 투자는 의미가 없다. 시간과 정신력이 낭비되며, 무엇보다 수익률에도 도움이 되지 않는다. 굳이 종목을 사야겠다면 그냥 모두가 아는 대형 기술주를 골고루 담는 것을 추천한다. 그게 가장 합리적이기 때문이다.

오늘도 열심히 종목 서치에 몰두하는 개인 투자자들에게는 조금 미안한 이야기일 수 있다. 하지만 개인이 종목을 골라 시장을 이기겠다는 생각은 시작부터 잘못됐다. 개인 투자자가 가진 정보만으로 장기적으로 시장 대비 초과 수익을 내는 확률은 사실상 제로다. 정보력, 분석 능력, 데이터 접근 속도에서 개인은 기관을 따라잡을 수 없다. 그리고 아이러니하게도, 그 기관들조차 인덱스 상승률을 이기지 못해 액티브 투자 전략이 사라지고 있는 것이 현재 시장의 현실이다.

물론, 그저 재미로 사고팔며 스릴을 느끼고 싶은 것도 개인의 자유다. 하지만 그것으로 돈을 벌 수는 없다. 거래 과정에서 지불되는 수수료만큼 증권사 배를 불려주고 있다는 사실도 기억해야 한다. 사실상 카지노에서 도박을 하는 것과 다르지 않다.

미국 시장도 마찬가지다. 지난 10년의 승자는 복잡한 테마나 트레이딩 전략이 아니라, 메타, 테슬라, 엔비디아 같은 대형 성장주를 그냥 오래 들고 있었던 사람들, 혹은 그저 지수 ETF를 꾸준히 담은 사람들이었다. 실제로 대부분의 액티브 헤지펀드가 시장 수익률을 이기지 못하고 사라졌다. 지수는 계속 올라가는데, "똑똑하게 종목을 고르겠다"라고 말하던 펀드들이 살아남지 못한 것이다.

그렇다면 분산투자는 왜 수익을 내는가? 이는 1952년 해리 마코위츠의 현대 포트폴리오 이론으로 증명된 사실이다. 완전히 같은 방향으로 움직이지 않는 자산들을 함께 보유하면 각 자산의 등락이 서로를 상쇄하여 전체 변동성(위험)은 줄어드는 동시에 기대 수익률은 유지된다. 쉽게 말해 위험은 낮아지고 수익률은 그대로 남는다. 즉, 리스크 대비 수익률이 좋아진다. 그래서 분산투자는 '공짜 점심이 없는' 투자 세계에서 '유일한 공짜 점심'이라고 불린다.

정말로, 계란을 바구니에 나눠 담는 것만으로도 추가 수익이 발생한다. 편하고, 신경 쓰지 않아도 되고, 거기에 추가 수익까지 난다.

한국 투자 ETF,
한국 시장을 통째로 사라

이 비전에 공감한다면, 이제는 코스피에 실제로 투자할 차례다. 향후 5년 동안 연 20% 내외의 상승이 가능하다고 믿는다면, 더 이상 종목을 고르느라 애쓸 필요는 없다. 지수에 그냥 올라타면 된다. 한국 주식시장을 가장 효율적으로 담는 방법은 지수 추종 ETF다. 코스피 전체 또는 코스피 대표 종목 200 등에 종목이 분산되어 있기 때문에 개별 종목의 등락에 흔들릴 필요가 없다.

한국 내에서 가능한 상품으로는 KODEX200, TIGER200, KODEX 코스피, TIGER 코스피와 같은 ETF들이 있다. 모두 시장 전체 상승을 그대로 따라가는 상품이기 때문에 코스피가 오르면 ETF도 함께 오른다. 해외에 있거나 달러 기반 계좌를 쓰는 투자자라면 MSCI Korea 지수를 추종하는 ETF, 예를 들어 EWY, FLKR 같은 상품을 사용하면 된다.

역시 논리는 동일하다. 한국이라는 시장 전체에 타는 것이다. 단, 투자 기간은 최소 1년 이상으로 길어야 한다. 종목 선택으로 소모적인 스트레스를 받을 필요도 없이, 시장을 통째로 사서 오래 들고 있으면 된다.

현재 한국 시장에서 선택할 수 있는 ETF는 크게 두 가지 유형으로 나뉜다.

첫째는 코스피 전체를 그대로 추종하는 ETF다. 이 상품들은 시장에 상장된 대형주부터 중소형주까지 폭넓게 담는다. KODEX 200은 삼성자산운용에서 2002년에 출시한 상품으로, 긴 운용 역사와 높은 유동성 덕분에 지금도 가장 많이 언급되는 한국 대표 ETF다. 미래에셋의 TIGER 200은 규모와 거래량 면에서 KODEX 200과 함께 국내 코스피 ETF 시장을 양분하고 있다. 이외에 KB, NH, 한화, 한국투자신탁, 키움 등

ETF	시가총액	운용사	상장 연도	운용보수
KODEX200	10.4조 원	삼성	2002	0.15%
TIGER200	4.1조 원	미래에셋	2008	0.05%
KBSTAR200	2.0조 원	KB	2011	0.02%
ARIRANG200	1.3조 원	한화	2012	0.04%
HANARO200	4,800억 원	NH	2018	0.04%
ACE200	6,600억 원	한국투자신탁	2008	0.09%
KOSEF200	5,500억 원	키움	2002	0.13%

코스피 추종 ETF

주요 운용사들이 각각 코스피 200 지수형 ETF를 운용 중이며 자금 유입도 꾸준히 증가하고 있다.

이들 ETF의 장기 수익률과 보유 종목 구성은 거의 동일하다. 삼성전자, SK하이닉스, KB금융, 한화에어로스페이스, 현대차, 네이버, 셀트리온 등 국내 대표 기업들이 포트폴리오에 담긴다.

둘째는 코스피 200을 추종하는 ETF다. 코스피 200은 시가총액이 크고 유동성이 충분한 대표 200개 기업으로 구성되어 있다. 한국 경제의 주력 산업과 알짜 기업들에 더욱 집중하는 방식이다. 코스피 추종 ETF처럼 주요 운용사들의 코스피 200 지수 추종 ETF가 시장에 다양하게 나와 있다.

해외 거주자라면
EWY

해외에 거주하거나 달러 계좌를 사용하는 투자자라면 세계 최대 자산운용사 블랙록의 EWY에 투자하는 것이 가장 효율적이다. EWY는 MSCI Korea 25/50 지수를 추종한다. 2002년 5월 상장된 이후 시장에서 오래 검증되었고, 거래량과 유동성이 충분해 전 세계에서 가장 널리 사용되는 한국 단독 ETF다. 운용보수는 0.59% 수준이다.

EWY의 보유 종목 구성은 한국에서 거래되는 코스피 200 ETF들과 거의 동일하다. 2026년 1월 기준 상위 편입 종목은 다음과 같다.

삼성전자, SK하이닉스, KB금융, 두산에너빌리티, 현대차, 네이버, 한화에어로스페이스, 신한지주, 셀트리온, 기아, SK스퀘어, 하나금융지주, HD현대일렉트릭, LG에너지솔루션, 포스코홀딩스.

한국에서 코스피 200 ETF를 사든 해외에서 EWY를 사든 실제로 투자하는 대상은 거의 같다. 차이는 단지 투자 통화가 원화냐 달러냐 차이일 뿐이다. 한국에 있는 투자자라면 KODEX200·TIGER200 등 국내 ETF를, 미국이나 해외에 있는 투자자라면 EWY를 꾸준히 적립식으로 매수하는 것이 가장 단순하면서도 효율적인 방식이다.

또 다른 변수,
환율

코스피 지수 투자에서 또 하나 중요한 변수는 원·달러 환율이다.

달러로 한국 시장에 투자하는 해외 투자자들에게 환율은 수익률에 직접적인 영향을 준다. 원화 가치가 오르면 코스피 상승과 더해져 이중으로 수익을 얻을 수 있지만, 반대로 원화 가치가 떨어지면 주가가 올라도 수익률이 줄어든다. 환율 변동을 제거하는 환헤지형 ETF도 존재하지만, 헤지 비용을 감안하면 장기적으로는 환노출형이 유리하다는 것이 개인적인 의견이다.

한국 투자자 입장에서도 환율은 여전히 중요한 지표다. 비록 직접적인 평가손익에는 드러나지 않지만, 원화 가치는 외국인들이 코스피를 살 때 보는 중요한 기준이기 때문이다. 외국인들은 '낮은 지수 + 높은 환율(원화 약세)' 상황을 저가 매수 기회로 본다. 즉, 원화 약세는 외국인 매수의 유인 요인이 된다.

2025년 코스피 시장이 매력적으로 보였던 이유 중 하나가 바로 이 환율이다. 2025년 상반기 동안 원·달러 환율은 1,400원대 이상을 유지했다. 미국의 금리 인하 기대가 커지는

데도 원화가 강세 전환을 보이지 않았기 때문에, 미국 투자자들에게는 한국 주식이 추가 할인된 상태였던 것이다.

환율은 또한 한국 주요 수출 기업의 실적과도 직결된다. 삼성전자, SK하이닉스처럼 달러 매출 비중이 큰 기업들은 원화 가치가 낮을수록 원화 환산 이익이 커진다. 실제로 반도체 업황 회복과 함께 높은 환율은 이들 기업의 실적 전망을 더욱 긍정적으로 만들었다.

2025년의 원화 약세는 이전과는 다른 양상을 보였다. 일반적으로 '코스피 상승 → 외국인 매수 → 원화 강세'라는 흐름이 자연스럽지만, 2025년에는 코스피가 강한데도 원화 약세가 장기화되는 특수한 상황이 계속되었다.

시장에서는 트럼프 행정부의 미·중 관세 재조정 기조, 한국 개인 투자자들의 대규모 해외 투자자금 유출, 또 중동 등 지정학적 리스크 확대로 인한 달러 강세 등이 복합적으로 작용했다는 분석이다.

그래도 2026년에는 환율도 하락 압력을 받을 것으로 예상한다. 미국은 내년 중간선거 전까지 주가·경기 부양을 위한 금리 인하를 계속할 것이다. 앞서 설명한 여러 이유로 한국 금융시장으로의 외국인 자금 유입도 꾸준할 것이며, 여기에 지정학적 불안 요인이 완화되면 원화 강세 압력은 더 강해질 것이다.

여기에 내년 상반기에는 WGBI **World Government Bond Index** 편입이라는 추가적인 원화 강세 재료도 대기하고 있다. 글로벌 지수 산출기관인 FTSE Russell은 한국 국채를 WGBI에 2025년부터 2026년까지 단계적으로 편입하기로 결정했다.

WGBI는 전 세계 국채 투자에서 가장 널리 쓰이는 벤치마크 지수이기 때문에, 이 지수를 추종하는 연기금·국부펀드·ETF 자금 수십조 원 규모가 편입 비중에 맞춰 자동으로 한국 국채를 매수하게 된다. 이미 2025년 4분기 들어 외국인 자금은 주식뿐 아니라 채권 시장으로도 강하게 유입되고 있다. 2026년에는 코스피 상승과 원화 강세가 동시에 나타나는 국면을 조심스럽게 기대해본다.

밸류업의 시대, 기업이 해야 할 일

코스피 1만 시대를 위해 필요한 변화는 투자자들의 인식 전환만이 아니다. 기업 역시 변화해야 한다. 한국 기업들은 기술력과 실행력은 세계적 수준이지만, 자본시장과의 소통과 주주 관리 측면에서는 여전히 보수적인 모습을 보여왔다. 하지만 시장의 주인은 자본을 공급하는 주주다. 주주와의 관계를 어떻게 설계하는지는 결국 기업 가치와 주가에 직접적으로 반영된다.

주주들이 기업에 기대하는 가치는 단순하다. 바로 투명성, 일관성, 예측 가능성이다. 투자자가 가장 싫어하는 것은 불확실성이다. 단기 실적이 일시적으로 부진하더라도 신뢰할 수 있는 기업, 설명하는 기업, 약속을 지키는 기업은 시장에서 결국 높은 평가를 받는다. 예고된 악재는 악재가 아니라고 하지 않는가.

그런 의미에서, 저자는 다음 세 가지가 중요하다고 본다.

첫째, 명확한 배당 정책이다. 흑자가 나면 조금 주고, 실적이 나쁘면 안 준다는 식의 배당은 투자자에게 불확실성만 키울 뿐이다. 지속 가능한 배당 성향 또는 자유현금흐름**FCF** 기반의 배당 정책을 명문화하고, 중기 계획으로 발표해야 한다. 예측 가능한 배당은 주가 변동성을 낮추고 장기 투자자를 끌어들이는 가장 확실한 수단이다.

둘째, 자사주 매입과 소각의 적극적 활용이다. 이 역시 앞장에서 한 이야기다. 한국 기업들은 자사주 매입 후 소각을 하지 않는 경우가 많은데, 이렇게 되면 자사주 매입은 단순한 주가 방어 수단에 머물게 된다. 주가를 실질적으로 끌어올리는 것은 소각이다. 남은 주식 수가 줄어들 때 기존 주주의 지분 가치는 직접적으로 상승한다. 즉, 소각을 전제로 한 자사주 매입은 "우리의 미래 현금 창출력에 자신이 있다"라는 메시지를 준다. 이는 시장이 가장 강하게 반응하는 신뢰의 신호다.

셋째, IR **Investor Relations**의 구조적 개선이다. IR은 경영진이 자본시장과 전략적 언어로 대화하는 창구다. 우리 회사가 어디로 가고 있는지, 중장기 로드맵은 무엇인지 투자자들에게 명확하고 일관되게 전달된다면 해외 투자자들은 한국 기업에 단기 트레이딩이 아닌 장기 투자를 결정할 것이다. 주주를 존중한다는 것은 정보를 제공하고 예측 가능성을 제공한다는 이야기다. 시장과 적극적으로 소통하는 기업이 되어야 한다.

이는 2024년 한국 정부가 발표한 〈코리아 밸류업 프로그램〉의 내용과 크게 다르지 않다. 정부와 한국거래소는 기업의 저평가를 해소하기 위한 방안으로 ROE, 배당 등 주요 지표의 공시 강화, 자사주 활용 및 소각 정책의 투명화, 기업의 중기 자본 배분 계획 공시를 제안했다.

이 프로그램의 일환으로 코스피·코스닥 시장 상장기업

중 자본 효율성, 주주환원, 수익성 등 질적 지표가 우수한 상위 100개 기업으로 구성된 '코리아 밸류업 지수'가 발표되었고, 시장에는 이 밸류업 지수를 추종하는 ETF도 속속 등장했다.

코리아 밸류업 지수는 2025년 코스피 지수와 함께 상승 흐름을 지속했다(2025년 11월 기준 80% 상승). 코스피 지수가 상승하며 우량주 중심으로 편입한 밸류업 지수도 따라 강세를 보인 것이다. 밸류업 ETF의 순자산도 빠르게 증가해 2025년 11월 순자산 총액이 1조 원을 돌파했다. 코스피 상장사 중에서도 주주 친화적 변화가 빠르게 진행되는 '밸류업 우등생'에

	밸류업 ETF	총 보수
패시브	KODEX 코리아 밸류업 TIGER 코리아 밸류업 RISE 코리아 밸류업 ACE 코리아 밸류업 SOL 코리아 밸류업 KOSEF 코리아 밸류업 PLUS 코리아 밸류업 HANARO 코리아 밸류업 1Q 코리아 밸류업 0.008~0.09%	0.008~0.09%
액티브	TIMEFOLIO 코리아 밸류업 액티브 KoACT 코리아 밸류업 액티브 TRUSTON 코리아 밸류업 액티브	0.50~0.80%

코리아 밸류업 ETF 종류(출처: 〈아주경제〉)

관심 있는 투자자에게 밸류업 ETF는 고려할 만한 선택지가 될 수 있다.

다만 패시브 밸류업 ETF는 코스피 200과 수익률 차이가 크지 않다는 지적을 받는다. 밸류업 지수가 '주주환원 기업'이라는 취지로 만들어졌지만, 삼성전자·SK하이닉스 등 대형 우량주의 비중이 자연스럽게 커질 수밖에 없는 지수 구조를 채택하고 있기 때문이다. 그 결과 지수의 움직임이 코스피 전체와 상당히 비슷해지는 경향이 나타난다.

액티브 밸류업 ETF는 지수를 70% 추종하되 30%는 재량 운용이 가능하다는 점에서 차별성이 있으나, 출시 이후 1년간의 성과를 보면 대부분 패시브 ETF를 상회하지 못했다는 평가가 많다.

자금 유입도 지금은 주춤한 상태다. 삼성자산운용의 'KODEX 코리아 밸류업', KB자산운용의 'RISE 코리아 밸류업', 미래에셋자산운용의 'TIGER 코리아 밸류업'만 순자산 규모가 1,000억 원을 웃돌고, 나머지는 100억~600억 원대 중소형 ETF에 머물고 있다. 투자자들은 새로운 해에도 기업 지배구조 개선과 주주환원 강화 움직임이 시장에 반영되기를 기대하고 있다.

일본이 먼저 간 길,
밸류업

2025년 니케이 지수는 5만을 넘으며 글로벌 시장에 일본의 귀환을 알렸다. 이 배경에는 일본거래소**JPX**가 2022년부터 추진한 성공적인 자본 효율성 및 주주환원 정책이 있었다.

2022년, 일본거래소는 복잡했던 기존 5개 시장 체계를 프라임 **Prime**, 스탠더드 **Standard**, 그로스 **Growth** 3개 체제로 재편했다. 이 개편의 핵심은 단순한 시장 이름 변경이 아니었다. 프라임 시장에 상장하려면, 다음과 같은 조건이 적용되었다.

- 자본 효율성(ROE, ROIC) 기준.
- 외국인·기관 투자자의 의사소통 능력(IR, 영문 공시).
- 지배 구조 투명성.

즉, 주주와 소통하고, 자본을 효율적으로 쓰는 기업만 프라임 시장에 상장을 허용하겠다는 방침이었다.

2023년, JPX는 상장기업에게 다음의 3단계 기업 가치 제고 로드맵을 권고했다.

이 3단계 조치의 목표는 명확하다. 기업에게 저평가의 원인을 스스로 분석하고 공개하게 하고 변화 목표를 설정하게 했다. 그리고 이를 실행하며 주주와 정기적으로 소통하도록 커뮤니케이션을 강제했다.

2024년, 일본거래소는 프라임 상장사 중 ROE가 지속적으로 높고, PBR 1배 이상을 확보하며, 자본효율성 중심 경영이 실제로 작동하는 150개 기업을 선정, 'JPS Prime 150 지수'를 발표했다. 이를 추종하는 ETF가 상장되었고, 일본 연기금·공적자금·해외 기관 투자자가 실제로 매수하기 시작했다. 우리의 코리아 밸류업 지수와 밸류업 ETF도 같은 길을 걷고 있다.

2025년, 프라임 상장사에는 영문 공시가 의무화되었다. 이는 외국인 장기 투자자 유입을 직접 겨냥한 조치다. 일본의 밸류업 프로그램의 결과는 훌륭했다. 지난 30년간 PBR 1배 미만에 막혀 있던 많은 기업이 2023~2025년 사이에 대거 PBR 1 이상으로 재평가되었다.

AI는
버블이 아니다

현재의 AI 투자 열풍은 버블인가, 아니면 향후 10~20년을 결정할 산업 대전환의 전주곡인가? 그리고 이 과정에서 한국 경제와 코스피는 어떤 기회와 위험을 동시에 맞이하고 있는가? AI 인프라 투자가 단기 과열이 아닌 장기적 구조 전환의 초기 단계라는 점을 중심으로, AI 공급망 전반을 갖춘 희소 국가 한국의 잠재력과 투자 요인을 살펴본다.

AI 버블 논쟁을 넘어, 코스피 1만 시대로

2025년 초 2,400선에서 출발한 코스피 지수는 11월에 4,200을 돌파했다. 무려 75%나 상승한 수치였다. 그러다 끝없이 오를 것만 같던 코스피 지수는 11월 한 달간은 마이너스 수익률을 기록했다. 한국뿐 아니라 월스트리트와 글로벌 금융시장을 뒤흔든 이른바 'AI 버블 논란'이 직접적인 원인이었다.

AI 버블 논란은 전 세계 금융시장에서 동시에 나온다. AI 혁신의 가치는 인정하지만 현재 투자 규모가 너무 크고, 주가가 그 가치를 너무 빨리 반영한 것은 아니냐는 것이다. 최근

AI 분야로 향하는 자금 규모는 일반 투자자가 체감하기 어려울 만큼 크고, 그 증가 속도는 금융시장 안팎의 사람들 모두를 놀라게 한다.

대표적인 사례가 오픈AI의 데이터센터 투자 계획이다. 2024~2025년 오픈AI가 미국 내 차세대 AI 데이터센터 구축을 위해 최대 5,000억 달러 규모의 장기 투자 계획을 논의 중이라는 보도가 나왔다. 이 투자 규모가 단일 기업의 설비 투자 규모로 전례 없는 수준이었다.

〈뉴욕타임스〉에 따르면 5,000억 달러는 원자폭탄을 개발했던 맨해튼프로젝트를 다섯 번, 달 착륙에 성공했던 아폴로 계획을 두 번 진행할 수 있는 규모의 금액이다. 민간 기업의 데이터센터 투자가 인류의 역사적 프로젝트 2개를 합친 규모보다 크다니? 과연 이 정도 막대한 투자에 충분한 경제적 수익이 따를 것인지를 두고 봐야 한다.

'순환 매출' 논란, 엔비디아를 둘러싼 불안

이 회의론에 불안감을 더한 이슈가 바로 벤더 파이낸싱 **Vendor**

Financing 논란이다. 이는 GPU, AI 가속기, 데이터센터 등 AI 인프라를 공급하는 기업들이 고객사의 초기 투자 부담을 줄여주기 위해 직접 투자하거나 장기·후불 조건의 공급 계약을 제공하는 관행을 말한다.

2025년 11월, "엔비디아가 노키아 지분 10억 달러를 인수한다"라는 CNBC 헤드라인이 그것을 잘 보여준다. 노키아는 엔비디아의 AI 칩과 컴퓨터 플랫폼을 구매하기로 약속했고, 양사는 6G 이동통신 기술 개발에서도 협력하기로 했다. 즉, 공급자인 엔비디아가 고객사의 재무적 부담을 덜어주며 자사 제품 구매를 유도하는 구조다.

노키아 사례만이 아니다. 엔비디아는 오픈AI에 1,000억 달러 투자를 약속했고, 오픈AI는 그 자금 대부분을 엔비디아 GPU 구입에 사용할 예정이다. 오픈AI CFO 새라 프라이어는 "대부분의 돈이 결국 엔비디아에 다시 돌아갈 것"이라고 인정했다.

또한 엔비디아는 일론 머스크가 설립한 xAI에 최대 20억 달러 투자를 계획하고 있다. 머스크는 CNBC 인터뷰에서 "xAI는 테네시주 멤피스 인근에 건설될 새로운 데이터센터에서 엔비디아의 최신 블랙웰**Blackwell** 칩 100만 개를 배치할 것"이라고 말했다.

이들 거래는 모두 비슷한 구조를 보인다. 엔비디아가 기업에 투자하고 그 기업은 그 자금으로 엔비디아 칩을 산다. 그러면 엔비디아는 늘어난 매출로 다시 다른 기업에 투자하는 순환 구조가 만들어진다. AI 생태계 안에서 자금이 순환하며 매출을 만든다는 의혹이 제기되는 이유다.

AI 버블론자들은 엔비디아의 이런 투자를 닷컴 버블 시기에 횡행한 매출 부풀리기, 라운드 트리핑 **round-tripping**과 비교한다. 라운드 트리핑은 자금 제공자가 특정 기업에 투자하고, 그 기업이 그 자금을 이용해 다시 자금 제공자의 제품이나 서비스를 구매하도록 하는 구조를 말한다.

겉으로 보기에는 수요 증가와 매출 성장이 나타나지만 실제로는 스스로 만든 매출이란 비판을 받는다. 이 방식은 닷컴 버블 시기에 실제로 빈번했다. 일부 거래는 정상적이었지만, 일부는 심각한 회계 문제를 일으켰다. 대표적인 사례가 미국의 대형 통신장비 기업 루슨트테크놀로지 **Lucent Technologies**다.

루슨트는 고객사가 자사 장비를 구매할 수 있도록 공격적으로 대출을 제공했고, 이 대출금을 매출로 인식했다. 또한 루슨트 장비를 구매할 기업에 지분 투자까지 했는데, 당시 매출 부풀리기로 높게 평가된 자사 주가를 인수·투자에 활용했다. 대출 위험은 루슨트가 떠안았지만 회계상 매출은 늘어났고, 이는 다시 주가 상승으로 이어졌다. 그러나 결과는 비극적이었다. 부풀려진 매출 구조가 드러나면서 루슨트의 매출은 1999년 380억 달러에서 2006년 80억 달러로 폭락했고, 결국 알카텔에 주당 3.01달러라는 헐값에 매각되며 사실상 파산했다.

오늘날 AI 회의론자들은 엔비디아와 오픈AI가 주도하는 AI 투자 구조가 루슨트와 유사하다고 주장한다. 대규모 자금 순환이 AI 생태계 전체의 성장을 촉진할 수도 있지만, 반대로 한 고객사나 특정 AI 기업의 실패가 생태계 전체를 흔들 수 있는 시스템 리스크가 될 수도 있다는 것이다.

이제 겨우
대전환의 초입

실리콘밸리의 시각은 다르다. 실리콘밸리의 빅테크 기업들은 현재의 AI 열풍을 버블이 아닌 대전환의 시작으로 보고 있다. 2025년 11월 엔비디아의 실적 발표에서 젠슨 황은 이를 '세 가지 대전환'으로 불렀다.

첫째, 기존 비非 AI 소프트웨어(공학 시뮬레이션, 데이터 사이언스 등)가 기존 CPU 기반 컴퓨팅에서 엔비디아의 고성능 칩으로 이동하는 전환.

둘째, 코드 작성 도우미 같은 완전히 새로운 소프트웨어 카테고리 탄생.

셋째, 챗봇 같은 가상 환경을 넘어 AI가 자동차·로봇 등 물리적 세계로 확산하는 전환.

젠슨 황은 앞으로 이 세 가지 근본적인 변화가 수년간 일어날 것이며, 이를 단번에 가능하게 하는 단일 아키텍처를 가진 기업은 엔비디아뿐이라며 자신감을 표출했다. 이러한 비전이 실현되기 위해서는 방대한 토지·전력·데이터센터가 필요한데, 엔비디아가 파트너십을 체결하고 투자한 회사들은 이들 요인이 장애물이 되지 않도록 하기 위한 조건이라고 말한다.

"우리는 토지·전력·데이터센터 건설에 이르기까지 수많은 기업과 파트너십을 맺었다. 그리고 이런 파트너십에는 금융 조달도 포함된다. 쉽지 않지만 모두 해결 가능한 문제들이다."

젠슨 황

젠슨 황의 관점은 실리콘밸리의 전반적인 시각와 일치한
다. 3조 달러에 달하는 AI 인프라와 데이터센터 투자는 앞으
로 일어날 AI 대전환에 반드시 필요하다. 인터넷 경제가 광섬
유망을 기반으로 확장되었듯, AI 시대의 모든 산업 변화는 결
국 데이터센터에서 출발할 것이다.

AGI **Artificial General Intelligence**, 즉 인간 수준의 이해·추
론·문제 해결 능력을 가진 범용 인공지능으로 향하는 흐름 역
시 이미 시작되었고, 비록 그 속도가 더딜지라도 반드시 실현
된다. 외부에서 비판하는 순환거래 역시, AI 생태계 확립을 위
한 불가피한 공동 투자다. 이 엄청난 투자와 전환을 단일 기업
이 하기 힘드니, 공급자와 수요자가 초기 비용을 분담하는 것
은 기술 도입 장벽을 낮추기 위한 자연스러운 과정이라는 입
장이다. 이들은 현재의 AI 투자 열기와 2000년대 닷컴 버블
은 본질적으로 다르다고 단언한다.

첫째, 닷컴 버블 시기에는 수많은 신생 기업이 실체 없는
비즈니스 모델로 상장했고, 매출 없이 주가만 치솟았다가 폭
락했다. 반면 지금의 기술주 랠리를 이끄는 기업은 엔비디아,
브로드컴, 마이크로소프트처럼 수십 년 동안 수많은 기술 사
이클과 경기 침체를 버텨온 초대형 우량 기업들이다.

둘째, AI가 이미 산업 곳곳에서 실사용 단계에 들어갔다

는 점이다. 2025년 상반기까지만 해도 AI는 챗GPT와 같은 일반 사용자용 서비스 중심으로 확산했지만 기업용, 산업용 AI의 경제적 효과는 검증되지 않았다. 그러나 불과 몇 달 사이 기업용 AI 솔루션은 실험 단계를 넘어 실제 생산성 향상으로 연결되기 시작했다. 엔비디아 내부에서만 4,000명 이상의 엔지니어가 AI 코딩 툴 '커서AI Cursor AI'를 사용하고 있다는 사실은 그 변화의 상징적 예다.

저자는 AI 버블 논쟁이 실리콘밸리 내부와 외부의 시각 차이를 적나라하게 보여준다고 느낀다. 실리콘밸리에서는 AI가 실제로 기업의 프로세스와 일상을 바꾸고 있는 현장을 매일같이 목격한다. 따라서 데이터센터 투자와 기술주 랠리가 실제 경험과 일치한다. 반면 외부에서는 '수십조·수백조'라는 투자 규모만 뉴스로 접한다. 체감되는 변화가 없는 상황에서 이 막대한 투자가 과연 정당한지 의문이 드는 것은 당연하다.

얼마 전 미국의 다른 주에서 온 동료가 한 말이 있다. "샌프란시스코 공항에서 산호세까지 오는 고속도로 광고판을 보니 'AI'라는 단어가 없는 광고가 단 하나도 없더라. 이 동네는 정말 다른 세계 같다." 이처럼 실리콘밸리 바깥에서는 AI가 불러온 그 변화를 여전히 온전하게 체감하기 어렵다. 서울은 물론이고, 월스트리트도 다르지 않다.

AI 투자는 구조적 성장의 전주곡

AI의 경제적 잠재력은 아직 완전히 실현되지 않았고, 앞으로 반드시 실현될 것이다. 그리고 바로 그 이유 때문에 AI는 버블이 아니다. 현재 이루어지는 인프라 투자 규모는 숫자만 보면 거대하지만, 그 효과가 가져올 경제적 가치에 비하면 오히려 작은 수준이라는 분석도 많다.

AI 투자가 크게 늘고 있다고는 하지만 현재 미국의 AI 투자 규모는 연간 약 3,000억 달러(약 400조 원)으로 GDP의 1% 미만이다. 닷컴 시대 IT 투자가 GDP의 2~5%까지 치솟았던 것을 떠올리면, 현재의 AI 투자는 구조적으로 과열이라고 보기 어렵다. AI가 장기적으로 창출할 수익성과 비교하면 충분히 감당 가능한 규모다.

2025년 10월 골드만삭스 보고서는 AI 도입이 미국 경제에 20조 달러 이상의 경제적 가치를 추가할 것이라고 전망했다. 이 중 8조 달러는 기업의 자본소득 증가로 이어질 것이라고 분석했다. 생산성 향상, 인건비 절감, 자동화 확산 등이 앞으로 10년에 걸쳐 점진적으로 실현된다는 것이다.

예를 들어, 은행, 투자업종에서 AI의 적용 영역은 빠르게 확대되고 있다. 지금까지 챗봇의 활용은 단순 고객 문의 정도에 머물렀지만, 앞으로는 투자 리스크 관리, 사기 탐지, 자산 관리에 폭넓게 활용될 것이다. 이 경쟁에서 살아남기 위해 금융기관들은 더 크고 정교한 모델을 만들고 있고, 이들은 결국 더 많은 AI트레이닝, 이 트레이닝을 가능하게 할 더 큰 데이터센터와 더 많은 GPU 수요로 이어진다. 모델은 한 번 만들고 끝나는 것이 아니라 계속 업그레이드된다. 더 많은 데이터를 사용하고, 더 높은 정확도를 위해 더 많은 컴퓨팅 파워를 요구한다. AI 기업들의 매출이 일회성이 아니라 지속적이고 반복적이라는 뜻이다.

> "사람들은 앞으로 더 많은 지능more intelligence을 요구하게 될 것이고, 이는 결국 더 많은 컴퓨팅 파워 수요로 이어질 것이다."
>
> **젠슨 황**

현재의 AI 투자와 기술주 상승은 단기 과열이 아니라 구조적 성장의 초기 단계다. AI는 이제 겨우 시작 단계에 서 있다. 지금의 대규모 인프라 투자는 다가올 10~20년의 산업 변화에 대비한 기초 공사에 가깝다. 우리는 지금 단순한 기술 트

렌드가 아니라 에너지, 인프라, 칩, 소프트웨어, 어플리케이
션으로 이어지는 역사상 가장 큰 산업 구조 변화를 기다리고
있다.

AI 전환의 이면, '숨어 있는 부채'

AI 혁명은 빠르게 폭발하는 방식이 아니라 천천히 장기적으
로 실현되는 구조적 변화이기 때문에, 지나치게 조급하게 그
리고 지나치게 큰 투자 규모로 뛰어든 기업들은 위험에 처할
수 있다. 특히 빚을 내 AI 인프라에 투자하는 기업들에 대한
경고는 귀담아들을 만하다. AI 경쟁에서 뒤처지는 것은 단순
한 사업 실패가 아니라 기업의 존재 자체가 위협받는 일로 여
겨지기 때문에, 지금 시장을 지배하는 정서는 '놓치면 끝'이라
는 두려움이다.

앞서 언급한 오픈AI 사례 외에도 빅테크 및 글로벌 기술
기업들이 AI 인프라에 집행할 누적 투자 규모는 이미 3조 달
러에 육박하는 것으로 추정된다. 이 가운데 구글, 메타, 마이
크로소프트 같은 초대형 기업들은 막대한 현금흐름을 바탕으

로 대부분을 자체 자금으로 충당하고 있다. 그러나 문제는 그보다 규모가 작은 기업들, 그리고 대기업 중에도 오라클처럼 일정 부분은 차입에 의존할 수밖에 없는 회사들이 있다는 점이다.

AI 전환이 너무 빠르게 진행되는 듯 보이자, 기업들은 지금 투자하지 않으면 경쟁에서 뒤처질 것이라는 불안감 속에 차입을 통해서라도 AI 투자를 늘리고 있다. 만약 AI 전환 속도가 예상보다 느리거나 경제적 효과가 기대에 미치지 못한다면, 이 기업들은 투자금을 회수하지 못해 타격을 입을 가능성이 높다.

더 큰 문제는 지금 시장에 누적된 AI 투자 중 어느 정도가 부채 기반인지 아무도 정확히 모른다는 점이다. 일부 분석가들은 전체 3조 달러 중 약 1조 달러가 차입 기반 투자일 것으로 추정하지만, 이는 조각난 정보들을 토대로 역산한 불완전한 추정치에 불과하다. 기업들은 경쟁 압박 속에서 차입 구조와 리스크를 세부적으로 공개하지 않고 있고, 회계 기준 역시 편차가 크다.

이 점에서 비교 대상으로 더 적절한 것은 단순한 닷컴 버블이 아니라 2008년 서브프라임 모기지 사태다. 당시의 본질적 문제는 '부채를 통한 레버리지 확대' 그 자체가 아니라, 바로 그 부채가 어디에 얼마나 숨겨져 있는지, 금융 시스템 전체가 어느 정도의 리스크를 떠안고 있는지 아무도 몰랐다는 점이었다. 지금 AI 투자도 그 점에서 비슷한 불안 요소가 존재한다.

결국 이 경쟁에서 일부 기업은 투자금을 회수하지 못할 수도 있고, 극단적으로는 도산할 수도 있다. 하지만 이러한 위험이 제기된다고 해서 AI 기술 자체에 대한 불신으로 이어져서는 안 된다. 모든 기술 혁명에는 승자와 패자가 존재한다. 전기·철도·인터넷·스마트폰 모두 그런 길을 걸었다.

마크 저커버그와 샘 알트먼 역시 공통적으로 "모든 기업이 살아남지는 못하겠지만, 승자는 반드시 나타날 것"이라고 말한 바 있다. 닷컴 시대 수많은 브라우저, 검색엔진, 포털은 사라졌지만 결국 구글, 마이크로소프트, 아마존이라는 '최종 생존자들'은 오늘날에도 존재한다.

AI 시대도 마찬가지다. 경쟁 속에서 수많은 기업이 사라질 것이고, 그 속에서 살아남은 극소수의 기업들이 앞으로 수십 년간 AI 생태계를 주도하는 플랫폼이 될 것이다.

한국은 전례 없는 기회를
맞고 있다

저자는 어느 때보다 이번 AI 혁명에서 한국 기업과 한국 경제가 차지할 역할이 크다고 본다. 오히려 한국 안에서는 보수적이고 비판적인 시각이 많지만, 정작 글로벌 투자자들이 바라보는 한국의 AI 경쟁력은 매우 높다. 한국은 아시아에서 가장 주목받는 AI 강국 중 하나이며, 세계 기준으로도 6~7위로 확실한 탑티어 위치를 차지하고 있다.

한국은 또한 AI가 돌아가는 데 필요한 거의 모든 것을 갖춘 국가로 꼽힌다. 진정한 AI 강국은 단순히 기술 하나를 잘하는 나라가 아니라 AI가 돌아가기 위해 필요한 전체 공급망을 보유한 나라다. AI 결국 반도체가 연산하고, 데이터센터가 전력을 공급받아 운영되며, 이를 기반으로 소프트웨어와 서비스, 콘텐츠가 만들어지는 구조다. 전 과정에 걸쳐 의미 있는 기업군을 동시에 보유한 국가는 사실상 미국과 한국밖에 없다. 반도체, 인프라는 삼성전자, SK하이닉스가 담당하고 있으며, 네이버, 카카오 등 플랫폼 기업은 물론, AI 데이터센터의 필수요소인 에너지, 전략, 인프라 기업군 역시 튼튼하다.

게다가 한국은 콘텐츠 강국이다. 콘텐츠, 게임, 엔터테인

먼트 산업은 이미 글로벌 시장에서 경쟁력을 입증했다. 즉, 반도체부터 에너지·인프라, 소프트웨어, 플랫폼, 콘텐츠까지 AI 혁명을 관통하는 전 영역에 걸쳐 산업 생태계를 보유한 국가는 한국이 거의 유일하다. 게다가 한국은 중국, 인도처럼 제한을 받지 않고 미국 GPU를 상대적으로 자유롭게 이용할 수 있는 소수 국가 중 하나이기도 하다.

이런 한국의 AI 경쟁력은 지표로도 확인된다. 스탠퍼드 대학교의 인간중심인공지능연구소가 발표한 '글로벌 AI 파워 랭킹'에 따르면 2024년 한국은 주목할 만한 AI 모델을 보유한 아시아 지역 1위 국가로서 세계 전체에서는 7위를 차지했고, 2024년 동안 AI를 주제로 한 가장 많은 국제회의를 주도한 국가로 평가됐다.

한국의 AI 기술의 도입 속도와 실사용률 자체도 세계 최고 수준이다. 챗GPT 유료 구독자 수로 미국에 이어 세계 2위를 차지하고 있으며, 지난 1년 동안 활성 유저 수는 거의 5배 가까이 증가했다. 오픈AI, 앤트로픽 등 글로벌 AI 기업들이 아시아 진출 시 우선순위로 삼던 일본·싱가포르 대신 이제 한국을 첫 번째 선택하는 이유다.

글로벌 투자 의견은
코스피 매수

2025년 11월 코스피는 약 5% 가까이 조정을 받으며 단기적인 하락 신호를 보였다. 지수는 4,200선을 두 차례 넘보았지만 결국 돌파하지 못했고, 기술적 관점에서는 더블 탑 패턴이 형성되며 일부 투자자들에게는 하락 반전 신호로 읽히기도 했다. 단기간 급등과 함께 레버리지·마진 거래가 빠르게 늘어난 점도 추가 상승의 부담 요인으로 거론됐다. 기술적으로 보자면, 저항선 돌파에 실패한 이후 다음 지지선인 100일 이동평균선(약 3,500선)까지 열려 있다는 분석도 등장했다.

그럼에도 글로벌 투자자들의 '코스피 매수' 판단은 변하지 않았다. 이들은 코스피 반등을 이끌어온 구조적 요인들이 여전히 견고하다고 보고, 11월 조정을 차익 실현과 투자 과열 해소 과정으로 해석했다. SK하이닉스와 삼성전자 같은 글로벌 AI 공급망 핵심 기업들은 사상 최고 수준의 실적을 기록하고 있고, 코스피는 주요국 대비 여전히 낮은 밸류에이션을 유지하고 있다. 여기에 한국 정부가 상법 개정, 기업 가치 제고 정책, 세제 완화 등 시장 매력을 높이는 조치를 속도감 있게 시행하고 있는 점도 긍정적인 신호로 받아들여졌다.

무엇보다 한국 시장의 대체할 투자처가 사실상 없다. 대만 증시는 TSMC 한 기업이 전체 시가총액의 30% 이상을 차지하며 시장을 주도하고 있지만, 밸류에이션은 한국보다 훨씬 높다. 일본 역시 AI 반도체·메모리 공급망을 담당할 기업이 없고, 카카오·네이버처럼 소비자 기술 플랫폼도 한국 수준의 경쟁력을 갖추지 못했음에도 프리미엄을 받고 있다. 그러니 "코스피를 이 가격에 사지 않을 이유가 없다."

망설일 때가 아니라 '움직일 때'

우리는 급변하는 AI 혁명의 태동기에 서 있다. 이 변화는 이제 막 시작되었을 뿐이며, 글로벌 기업들의 대규모 인프라 투자가 이를 분명히 증명하고 있다. 데이터센터에서 칩, 소프트웨어, 어플리케이션으로 이어지는 거대한 기술 전환은 앞으로 수년간 모든 산업과 우리의 일상을 뒤흔들 것이다. 물론 이 과정에서는 언제나 그랬듯 승자와 패자가 갈릴 것이다. 닷컴 버블도, 서브프라임 위기도 결국 살아남은 기업들이 다음 세대의 표준이 되었고, 그 기술과 서비스들은 오늘날까지 세계 곳곳에서 사용되고 있다.

이 거대한 경쟁의 시대에 한국은 그 어느 때보다 글로벌 투자자들의 주목을 받고 있다. 미국의 기관과 VC는 한국을 AI 공급망 전 과정에 걸쳐 경쟁력을 갖춘 드문 국가로 평가한다. 반도체·디스플레이·배터리·모빌리티·플랫폼·콘텐츠로 이어지는 한국의 밸류체인은 전 세계에서 유례를 찾기 어렵다. AI 시대에 필요한 하드웨어와 소프트웨어, 그리고 이를 실제로 활용하고 확산할 콘텐츠·서비스 역량이 한 나라 안에 동시에 존재한다는 점은 한국의 가장 강력한 자산이다.

그런데 정작 국내에서는 근거가 미약한 'AI 버블론'이 투자자들의 심리를 흔들고 있다. 과도한 차입에 의존한 일부 기업들, 혹은 AI를 빙자한 'AI 워싱'을 경계하는 것은 당연하지만, 이를 AI 혁명 자체에 대한 회의론으로 비약해서는 안 된다. 기술 혁명은 언제나 불확실성과 함께 오지만, 그 불확실성 속에서 기회를 포착하는 이들이 결국 시장의 주도권을 쟁취했다. 지금 한국이 해야 할 일은 파산한 헤지펀드 매니저의 비관론에 귀를 기울이는 것이 아니라, 실리콘밸리에서 이미 시작된 AI 대전환의 신호를 읽어내는 일이다.

대전환의 시대를
맞이하며

2023년 말, 미국 나스닥은 1만 수준이었다. 그런데 3년도 채 되지 않아 2배를 넘겼다. 또, 엔비디아와 테슬라 주가가 상장 초기 대비 10배 이상 오를 것이라 바라본 사람은 많지 않았다. 미래에는 언제나 예상하지 못하는 구석이 있다.

현재 저평가된 코스피가 1만을 넘기는 것은 충분히 가능하다. 그 환경은 이미 갖춰졌다. 주식시장이 연 20% 안팎으로 성장하는 일은 결코 이례적이지 않다. 현재 코스피가 연 20%씩 성장한다고 할 때 3년이면 7,000이 되고, 5년이면 1만을 달성한다.

지난 10년간 나스닥이 약 4배 오르는 동안 코스피는 86% 상승에 그쳤다. 미국 기업들이 자산과 역량 대비 높은 평가를 받는 것과 달리 코스피에는 여전히 PBR 1 이하의 기업들이 수두룩하다. 미국은 물론, 일본·대만과 비교해도 지나치게 싸다. 이들 시장 수준으로 밸류에이션을 적용하기만 해도 코스피는 한참 더 성장할 수 있다.

또, 갈 곳을 찾지 못한 글로벌 유동성은 이제 한국을 다시 바라보고 있다. 트럼프 정부 2기에서 이어질 유동성 확대, 경기 부양, 금리 인하 기조는 앞으로 2~3년간 지속할 가능성이 크다. 관세 압박과 거친 발언에도 불구하고 기업 실적은 견고하고, 미국 증시는 상승세를 이어가고 있다. 늘어난 자금은 기술 경쟁력과 콘텐츠 생산력을 바탕으로 AI 시대의 중심에 서 있는 한국 기업들을 찾아 흘러들 것이다.

이제 '바이 코리아' 흐름에 동참할 때다. 이 책에서 말하는 투자는 단기 매매가 아니다. 앞으로 최소 3년, 길게는 10년을 내다보고 우리나라의 우량 기업과 대표 주식시장에 투자하자는 제안이다. 국가 대표 주식시장은 자국민의 장기 자금이 하방을 받쳐줄 때 비로소 견고해진다.

코스피 1만은 단순한 숫자가 아니다. 대한민국 주식시장이 외국인 자금에 휘둘리던 변방 시장에서 벗어나 '진짜 선진국 시장'이 되었음을 보여주는 증명이다. 삼성전자와 SK하이닉스 같은 대기업, 그리고 새로운 AI 유니콘들이 함께 성장하면서 그 과실 위에서 국민이 은퇴를 설계할 수 있는 시장. 코스피는 대한민국 경제성장의 결과를 반영하는 정직한 지표가 될 것이다. 대한민국이 이제 세계 최고 수준의 기술과 경제를 자랑할 수 있는 나라라는 사실을 한국인 스스로 인정한 기록. 이것이 바로 '코스피 1만'이 상징하는 바다.

이 책이, 언제나 기회를 놓치지 않는 현명한 투자자들에게 확신과 용기를 전할 수 있기를 바란다.

2026 한국에 투자하라 코스피 1만, 새로운 부의 법칙

2026년 2월 9일 초판 1쇄 발행

지은이 나탈리 허
펴낸이 이원주

책임편집 고정용　**디자인** 윤민지
기획개발실 강소라, 김유경, 강동욱, 박인애, 류지혜, 최연서, 이채은
마케팅실 정주호, 신하은, 현나래, 최혜빈, 이홍균, 양봉호, 박미진, 권금숙, 양근모
디자인실 진미나, 정은예　**디지털콘텐츠팀** 최은정　**해외기획팀** 우정민, 배혜림, 정혜인
경영지원실 강신우, 김현우, 이윤재　**제작실** 이진영
펴낸곳 (주)쌤앤파커스　**출판신고** 2006년 9월 25일 제406-2006-000210호
주소 서울시 마포구 월드컵북로 396 누리꿈스퀘어 비즈니스타워 18층
전화 02-6712-9800　**팩스** 02-6712-9810　**이메일** info@smpk.kr

© 나탈리 허(저작권자와 맺은 특약에 따라 검인을 생략합니다)
ISBN 979-11-24070-57-4 (03320)

쌤앤파커스(Sam&Parkers)는 독자 여러분의 책에 관한 아이디어와 원고 투고를 설레는 마음으로 기다리고 있습니다. 책으로 엮기를 원하는 아이디어가 있으신 분은 이메일 book@smpk.kr로 간단한 개요와 취지, 연락처 등을 보내주세요. 머뭇거리지 말고 문을 두드리세요. 길이 열립니다.